Konstitution und Bipolarität

Erfahrungen mit einer neuen Typenlehre

Von Dr. med. Charlotte Hagena
und Christian Hagena

Mit 2 Abbildungen und 2 Tabellen

3., überarbeitete Auflage

Karl F. Haug Verlag · Stuttgart

Anschrift der Verfasser:

Dr. med. Charlotte Hagena
Neckarpromenade 36
68167 Mannheim

Christian Hagena, Arzt
Neckarpromenade 18
68167 Mannheim

Kontakt:
Tel./Fax 06 21/33 22 98
E-mail: terlusollogie@t-online.de
Internet: www.terlusollogie.de

Die Deutsche Bibliothek – CIP-Einheitsaufnahme

Ein Titeldatensatz für diese Publikation ist bei
Der Deutschen Bibliothek erhältlich

1. Auflage 1993
2. Auflage, 5. Nachdruck 2001

© 2002 Karl F. Haug Verlag in MVS Medizinverlage Stuttgart GmbH & Co. KG

Umschlaggestaltung: Thieme Verlagsgruppe
Satz: Strassner ComputerSatz, Leimen
Druck: Gulde-Druck, Tübingen

ISBN 3-8304-7145-9

Vorwort

Mein Dank gilt meinem Lehrmeister *Erich Wilk* und Frau *Schäfer-Schulmeyer*, in deren Hause ich anlässlich eigener Erkrankung dank dieser für mich neuen Lehre von meinen Beschwerden befreit wurde und seit dieser Zeit bei bester Gesundheit an der Weiterentwicklung an Hand eigener Erfahrungen arbeiten konnte. Bei der Erstellung des Buches gilt mein besonderer Dank dem verstorbenen Herrn *Asotow* (Australien) sowie seiner Tochter *Irina Norris*, die beide Anregung und Vorbereitung zu diesem Buch gaben. Erste Ergebnisse wurden von *Irina Norris* in ihrem Buch „Are we all the same?" vorgestellt und unter enormem Fleiß eine einfache, aber korrekte Berechnungstabelle erstellt, die ich meinem Buch anfügen durfte.

Großer Dank für die Überarbeitung und Gestaltung des Buches gilt Herrn Professor *Preuß* und Herrn Professor *Klimek*, die viel Zeit und Mühe opferten. Dies gilt auch für meinen Sohn *Christian*, der 17 Jahre in der medizinischen Forschung tätig war. Mit fortgeschrittenem Alter (92 Jahre), mit einer fast 40-jährigen Erfahrung in der Anwendung der Lehre drängt es mich, den Gang an die Öffentlichkeit zu wagen, in der Hoffnung zu weiterer Forschung anregen zu können. Ich möchte meinem Buch folgendes Zitat von *Wolfgang Metzger* voranstellen: „Das Vorgefundene zunächst einfach hinnehmen, wie es ist, auch wenn es ungewohnt, unerwartet, unlogisch, widersinnig erscheint und unbezweifelten Annahmen oder vertrauten Gedankengängen widerspricht. Die Dinge selbst sprechen lassen, ohne Seitenblick auf Bekanntes, früher Gelerntes. Zweifel und Misstrauen aber gegebenenfalls zunächst vor allem gegen die Voraussetzung und die Begriffe zu richten, mit denen man das Gegebene bis dahin zu fassen suchte. Vorurteilslos bereit zu sein, auch gegebene und bekannte Gedankengänge über Bord zu werfen."

Inhalt

1 Einleitung

Jeder Arzt wird am Ende seiner Laufbahn das Gefühl haben, von seinen Erlebnissen und Erfahrungen mitteilen zu sollen. Das medizinische Schulwissen wird zu oft übertrumpft von der Vielfältigkeit der Reaktionsweisen menschlicher Organismen.

Überwältigend ist die Zahl der Erlebnisse, die dem Arzt Angst und Schrecken, Staunen und Bewunderung, Freude und Glücksgefühl einbringen bis hin zur Erkenntnis eigenen Unvermögens und zum ehrfürchtigen Waltenlassen unbekannter Kräfte.

Was mich zum Schreiben dieses Buches treibt, hat seinen Ursprung im zufälligen Bekanntwerden mit einer Lehre – basierend auf einer Naturerkenntnis (siehe Kapitel 3) –, deren Wahrheit und Gehalt im Laufe der Zivilisation der Menschheit verlorengegangen sein mag. In heutiger Zeit, wo naturwissenschaftliches Denken den Kosmos wieder forschend einbezieht, mögen wir Kenntnisse zurückgewinnen und neu verstehen, die von der Beziehung zwischen Kosmos und irdischem Leben handeln.

Ein Autounfall und völliger körperlicher Zusammenbruch nach jahrelanger Überforderung brachten mich in Kontakt mit einer Typenlehre, auf Grund derer ich in drei Wochen ohne ein Medikament – nur mit Hilfe einer spezifischen Gymnastik – so wiederhergestellt wurde, dass ich mich seither (es sind fast 40 Jahre) leistungsfähiger und kräftiger fühle als je zuvor.

Im Folgenden werde ich berichten, welche Erfahrungen ich in meiner kinderärztlichen Praxis mit diesen neuen Möglichkeiten machte und wie ich sie von meiner Warte aus zu sehen vermag. Namentlich die Erfahrungen an Säuglingen sind beglückend, und viele Mütter drängten mich zur Veröffentlichung. Bei zwei halbjährigen Aufenthalten in Australien fand ich viel Hilfe und Bestätigung.

Nachdem mein Sohn Christian das Buch „Grundlagen der Terlusollogie" [18] geschrieben hat, wurden einige Abschnitte in dieser neuen Ausgabe gekürzt, da sie im Buch meines Sohnes sehr ausführlich dargestellt wurden. Erweitert haben wir das vorliegende Buch um weitere Falldarstellungen und hoffen auf das Interesse des Lesers.

Neu sind auch die eingefügten Symbole – ☽ für lunar und ☀ für solar –, wodurch das schnelle Erkennen von lunaren oder solaren Fallbeispielen erleichtert werden soll.

2 Erde und Kosmos

Seit *Picardis* [12] grundlegenden Versuchen über das Wasser wird diesem in biologischen Prozessen eine große Bedeutung zugeschrieben. Die Körperzellen, die zum größten Teil aus Wasser bestehen, sind die Bausteine des Wachstums. Ihr Stoffwechsel muss daher eine große Rolle spielen. Nach Beobachtungen von *Brown* [3] an Tieren und den Beobachtungen an Neugeborenen erhalten das Wasser und die darin enthaltenen Kolloide exogene Informationen, auch wenn sie völlig von der Umwelt abgeschlossen zu sein scheinen. *Krüger* [9] stellte fest, dass der Organismus des Menschen zwischen positiven und negativen Ionen zu unterschieden vermag. Die Luftelektrizität beeinflusst ständig die biologischen Wechselwirkungen im Organismus. Da wir aus der Physik wissen, dass die mehr oder weniger starke Ionisierung der Luft durch kosmische Einflüsse bedingt ist, kann man vermuten, dass diese kosmischen Einflüsse über die Ionisation auf den Menschen einwirken.

Dr. *Eugen Jonas* [8], ein tschechischer Psychiater, fand 1956 eine Identität zwischen dem Tag der bestmöglichen Empfängnis einer Frau und dem Stand des Mondes bei ihrer eigenen Geburt. 1968 gab man im Astra-Researchcentrum for Planned Parenthood in Nitra-Czechoslowak unter seiner Leitung Cosmoprogramme heraus, die mit einer Sicherheit von 98 % kontrazeptiv zu verwerten waren. Diese Forschungen beziehen sich aber auf das ungeborene Kind, welches nach *Gauquelin* [6] vergleichbar ist mit dem Astronauten im Raumschiff und erst im Moment der Geburt mit der Berührung der Außenwelt sein individuelles Leben beginnt. Hier erst setzt unsere Typenlehre an und unterstellt den Organismus des Menschen und das weitere Verhalten des Menschen einer bestimmten Gesetzmäßigkeit in Abhängigkeit von Sonne und Mond.

Nachdem ich aus der Fülle der Forschungen in aller Welt über die kosmischen Einflüsse nur andeutete, möchte ich überleiten auf eigene Erfahrungen. Bei den vorgenannten Forschungen und Erfahrungen werden Menschen und Tiere gleichreagierend auf kosmische Einflüsse angesehen. Dementsprechend möchte ich an den Anfang meiner Ausführungen als wesentliche Ansatzpunkte stellen:

Das gesamte organische Leben wird von polaren Kräften beeinflusst, die zu einer individuellen Differenzierung führen. Ursprung dieser polaren Kräfte sind Sonne und Mond. Entscheidend für den Ansatzpunkt dieser

---

[1] empfängnisverhütend

Kräfte ist der Augenblick der Geburt mit der ersten Berührung mit der Außenwelt. Es wird eine lebenslang wirksame Grunddisposition des Organismus erworben. Diese polaren Kräfte sind bislang nicht direkt nachweisbar. Auf ihr Vorhandensein kann man nur durch ihre Auswirkungen und ihre Berechenbarkeit schließen. Dieses Buch will ihre Auswirkungen und Gesetzlichkeit beschreiben. Wegen ihrer ungeheuren Bedeutung für menschliches Verhalten und der daraus erwachsenden Konsequenzen ist eine ausführliche Beschreibung und Kenntnis notwendig.

3 Grundlagen einer neuen Typenlehre und deren Berechnung

Unabhängig von astronomischen Theorien und Aussagen lassen sich unsere Erfahrungen und Erkenntnisse in einer neuen Typenlehre zusammenfassen, die wir heute Terlusollogie® nennen.

Wir unterscheiden in dieser zwei Typen: Wir haben den einen Typ – als den sonnenabhängigen – den *solaren* Typ genannt, den zweiten – als den mondabhängigen – den *lunaren* Typ.

Die Natur steht zu jeder Zeit unter beiden Einflüssen. Wesentlich ist aber, welcher von beiden Einflüssen im Augenblick der Geburt stärker ist und – vergleichbar mit einer elektrischen Polung – die Grunddisposition des vorherrschenden Prinzips erwirkt. Wir erfahren später, dass dieses Prinzip den Atemtypus des Menschen bestimmt. In Ermangelung des Wissens um die Art dieser Energie nennen wir diese Kräfte Sonnen- und Mondenergie. Der Stärkegrad derselben in ihrer Wirkung auf das irdische Geschehen lässt sich folgendermaßen berechnen: Die Wirkungskraft des Vollmondes auf die Erde sei mit 100 % angesehen. Bis zum nächsten Neumond ergibt sich ein Abfall von 6,6 % täglich und darauf wiederum eine Zunahme von 6,6 %. Bis auf einige bekannte Schwankungen lässt sich damit Zu- und Abnahme der *Mondenergie* für jeden Tag berechnen.

Die Berechnung der *Sonnenenergie* geschieht nach dem gleichen einfachen Prinzip, wenn wir den 21. Juni als 100 % ansehen und bei einer täglichen Abnahme um 0,5 % am 21. Dezember bei 0,5 % sind, worauf dann die Steigerung um täglich 0,5 % bis zu 100 % am 21. Juni erfolgt.

Setzen wir an einem beliebigen Tag zur Bestimmung der dominierenden Kraft beide Werte in Beziehung zueinander, so erhalten wir die für diesen Tag vorherrschende Kraft. Diese rechnerische Gegenüberstellung ist erstmals von *Erich Wilk* [17] vorgenommen worden und bildet die Grundlage der weiteren Erkenntnisse. Die kosmische Situation spielt bereits am Tage der Geburt eine ausschlaggebende Rolle für unser ferneres Leben, so dass darauf eine neue Verhaltenslehre aufgebaut werden konnte mit exakt berechenbarem Hintergrund und logisch abgeleiteten Konsequenzen, wie im weiteren zu berichten sein wird. Ich arbeitete und beobachtete 16 Jahre in meiner Praxis gemäß dieser Typenlehre. Es zeigte sich ein völlig konträres Verhalten im Bereich vieler biologischer Reaktionen und Verhaltensweisen je nach der beim Lebensbeginn erhaltenen Polung der Lebensenergie. Doch davon später.

Die Technik der Berechnung ist einfach. Durch die sorgfältige Berechnungstabelle von *Irina Norris* [10] ist ein einfaches Ablesen der Typenzugehörigkeit möglich. Diese Tabelle ist meinem Buch am Ende beigefügt (s. Anhang S. 95 ff.): Schwierigkeiten in der Berechnung der Typenzugehörigkeit ergeben sich nur in jenen Fällen, wo beide Energien im Moment der Geburt gleiche Werte nach der Tagesberechnung haben und wir die *Geburtsstunde* zum Ausgangspunkt nehmen müssen. Im allgemeinen genügt bei der Errechnung eine Differenz beider Werte von 6,6 %, also ein Mondtag (aufgerundet = 7 %). Die Polarität beider Kräfte lässt erwarten, dass es immer eine führende Kraft geben muss. Genauere Auskunft über das Vorherrschen einer der Kräfte lässt sich aus Kurven ersehen. Interessant ist die Frage, was die Schnittpunkte beider Kurven kosmisch bedeuten.

Warum ist der Moment der Geburt – der erste Atemzug – wichtig bzw. ausschlaggebend für eine lebenslang wirkende organische Grunddisposition? Wir müssen Beobachtungen und Erfahrungen sprechen lassen. Die bekannte Beobachtung, dass im Sommer – der Jahreszeit mit der größten Sonnenintensität – das Längenwachstum beschleunigt ist, erleben wir in der Natur bei den Pflanzen ebenso wie bei den Tieren und Menschenkindern. Alles streckt sich, es „schießt" in die Höhe, weniger in die Breite. Die Sonne übt eine *vertikal ziehende* und dabei *verengende Kraft* aus.

Im Winter überwiegt das Breitenwachstum bei geringerem Sonneneinfluss und stärkerem Mondeinfluss. Wir schreiben dem Mond *horizontal gerichtete, dehnende Kräfte* zu. Dies ist die Hypothese. Ist sie zutreffend, führt sie zu ungeahnten Konsequenzen:

Nun zu einem Beispiel: Ein Kind wurde am 23.10.61 geboren. Die Sonne hatte vom 21.6. bis zu diesem Tag an Energie 67 % verloren, so dass man mit 33 % rechnen muss. Am 24.10 war Vollmond. Man muss von den 100 % des Vollmondes einen Tageswert von 6,6 % abziehen und 93,4 % gegen die 33 % Sonnenenergie stellen. Es bleibt also eine deutliche Überlegenheit der Mondenergie. Dieses Kind kam im Augenblick der Geburt in eine vom Mond dominierte kosmische Situation. Der dehnende Einfluss des Mondes bedingt eine Dehnung der Atemorgane als erste Reaktion des Körpers auf die Welt mit ihren Bedingungen. Sekundär erfolgt die Ausatmung durch Zusammenziehung der Atemorgane, die passiv erfolgt. Dieses Kind wird von nun an dem Prinzip der *aktiven Einatmung und passiven Ausatmung* unterliegen. Es wird schwerlich gelingen, dies durch direkte Beobachtung zu objektivieren, aber in der Folgezeit wird das Verhalten des Kindes uns den Beweis erbringen. Ein bestmögliches Gedeihen des Kindes können wir feststellen, wenn wir von nun an der Einatmung ideale Voraussetzungen schaffen. Da ist zunächst die Rückenlage, die dem Brustkorb die günstigste Möglichkeit zur Einatmung bietet. Wenn man zunächst die Seitenlage wählt, um ein Verschlucken bei Spucken oder Erbrechen zu vermeiden, so bleibt für später die Rückenlage das Optimale, und der gesunde Säugling wird bei selbständiger Drehung diese wählen. In dieser Lage wird ein so disponiertes Kind ruhig und entspannt schlafen.

Nehmen wir den entgegengesetzten Fall an: Ein Kind sei am 5.6.62 geboren. Am 2.6. war Neumond, wir haben also einen sehr geringen Mondeinfluss von 20 %, aber einen um so stärkeren Sonneneinfluss von 92 %, da der Sonnenstand auf den höchsten Punkt am 21.6. zugeht. Die Sonnenenergie ist vorherrschend. Der verengende Einfluss der Sonne macht sich bemerkbar in einer *aktiven Einengung des Brustkorbes mit forcierter Ausatmung,* der passiv die Einatmung folgt. Die ideale Lage für dieses Kind ist die Bauchlage, die die Einengung des Brustkorbes erleichtert. Damit ist eine wesentliche Voraussetzung für ein gutes Gedeihen des Kindes geschaffen.

Wir erkennen als treibende Kräfte unseres Verhaltens im einen Falle die aktive Einatmung mit passiver Ausatmung und im anderen Falle die aktive Ausatmung mit passiver Einatmung. Ich weiß, dass dies nicht im Einklang mit der derzeitigen Lehrmeinung steht: Es lässt sich aber diese Behauptung leicht am Erwachsenen demonstrieren. Den jeweils errechneten dominierenden Atemtyp gilt es zu unterstützen, um eine optimale Gesundheit zu erzielen und dem Organismus sowohl bei Höchstleistungen wie bei Krankheiten und Leistungsanforderungen aller Art zu helfen. Die Möglichkeit zur Intensivierung der jeweils richtigen Atmung wird im weiteren beschrieben. Die Erfolge sind eindeutig und können jedem in wenigen Minuten an sich selbst spürbar gemacht werden. Was jahrelange Beobachtung, Erfahrung und Behandlung zeigten, wozu Tausende von Berechnungen angestellt wurden, müsste nun weiter erforscht werden. Es geht nicht um Glauben oder Nichtglauben, sondern es geht um exakte Feststellungen und deren Konsequenzen.

1. Wir unterscheiden zwei Typen, denen Folgendes gemeinsam ist:
   a) Der *lunare* Typ: Die Mondabhängigkeit ist das vorherrschende Prinzip (= dehnende Effekte).
   b) Der *solare* Typ: Die Sonnenabhängigkeit ist das vorherrschende Prinzip (= verengende Effekte).
2. Beide Typen haben sowohl mond- als auch sonnenabhängige Energie in sich.
3. Beide Typen sind abhängig von der Polung ihrer Energie bei der Geburt und deren quantitativer Ausprägung.

4. Beide Typen verhalten sich grundlegend polar:
   a) in der Atmung
   b) in der Körperhaltung
   c) in der Motorik
   d) im Schlaf-Wach-Rhythmus
   e) in der Blutverteilung
   f) im Stoffwechsel
   g) im Verhalten der Sinnesorgane
5. Beide Typen sind in ihrer Gesundheit und Leistungsfähigkeit abhängig von einem typenstimmigen Klima, einer typenstimmigen Umgebung und einem typenstimmigen Verhalten.
6. Beide Typen sollten bei der Berufswahl ihren Typ berücksichtigen, um in Gesundheit und Leistung keine Einbußen zu erleiden.
7. Beide Typen werden mit einem typengleichen Partner den Lebensalltag leichter meistern. Typenverschiedenheit aber erfordert oft ein hohes Maß an Toleranz.
8. Typenpolare Proportionen des Körpers – erbbedingt – fordern sorgfältige Beobachtung und entsprechende Behandlung; anderenfalls kommt es leicht zur Erkrankung.
9. Beide Typen werden begünstigt durch typenentsprechende Erbanlagen: Nichttypenentsprechende Erbanlagen lassen sich bis zu einem gewissen Grade durch typengemäßes Verhalten günstig beeinflussen.
10. Die psychische Grundhaltung steht in starker Abhängigkeit von der Erhaltung der Harmonie der unser Leben bestimmenden Anlagen und Kräfte.

4 Der Säugling und die Typenlehre

Ein Säugling verbreitet eine geheimnisvolle Welt um sich, wie Schiller es ausdrückte: „Ihm ruhen noch im Zeitenschoße die schwarzen und die heitren Lose." – Ein wenig mehr in diese geheimnisvolle Welt des Säuglings einzudringen, erlaubt uns das Wissen um seine Typenzugehörigkeit. Hat man diese errechnet, so hat man einen Schlüssel zu seinem Verhalten und Wesen und ist dadurch besser in der Lage, seine Pflege und Betreuung optimal zu gestalten. Was können wir tun, um ihm zu einer bestmöglichen Gesundheit zu verhelfen als Basis späterer Leistungsfähigkeit und Lebensfreude?

Im Laufe von 17 Jahren konnte ich in meiner kinderärztlichen Praxis und in Kindererholungsheimen mit Kuraufenthalten bis zu 8 Wochen Säuglinge und Kleinkinder und Kinder bis zu 14 Jahren nach Berechnung des Geburtsdatums im Sinne dieser Typenlehre beobachten und behandeln. Dabei ließ sich eine Sicherheit in Diagnostik und Therapie gewinnen, die auf andere Weise weit schwerer und langsamer zu erreichen ist. War das Kind seinem Typ zugeordnet, so war die erste Forderung die nach der richtigen Lagerung. Es folgte die Zuordnung zur typenrichtigen Ernährung. Bei Säuglingen, deren Reaktion auf Lagerung, Ernährung und übrige Behandlung noch gut überschaubar ist, lassen sich die grundsätzlichen Unterschiede beider Typen gut studieren. Hat man im Laufe von 40 Jahren Kinderheilkunde die sich ständig widersprechenden Richtlinien und Unsicherheiten in der Säuglingsernährung erlebt, so ist man sich der Schwierigkeiten auf diesem Gebiet voll bewusst geworden und ist skeptisch auch gegen die neueste Theorie. Man spürt die Fehler der Verallgemeinerungen. Man kennt die Allmacht der Industrie und Werbung mit allgemeinen Empfehlungen. Man weiß um den Wandel der Eßgewohnheiten, wie sie z. B. vom Forschungsinstitut für Kinderernährung in Dortmund beschrieben werden – vom pflanzlichen Nahrungsmittel bis hin zum konzentrierten tierischen Nahrungsmittel. Die Vielzahl der berufstätigen Mütter fordert mehr und mehr Fertignahrung. In Kinderheimen, Krippen, Tagesstätten ist die Ernährungssituation eine andere als im häuslichen Milieu mit dem individuell geplanten Essen in behaglicher Atmosphäre am Familientisch. Alle diese Wandel, Wechsel, Verschiedenheiten fordern heraus, trotz aller Schwierigkeiten die für jedes Kind optimale Nahrung zu finden. Dies ist möglich geworden durch das Erkennen der Typenzugehörigkeit, da es sich herausstellte, dass jeder Typ andere Nahrungsbedürfnisse hat. So ist die Forderung: *die individuelle Kost.*

Von 600 Säuglingen, die wir wegen Ernährungsstörungen registrierten und typenmäßig einordneten, waren 305 dem Einatemtyp zuzurechnen und 295 dem Ausatemtyp. Es wurden also 305 beim Schlafen auf den Rücken gelegt, 295 auf den Bauch.

Zunächst musste ein großes Angebot der damals im norddeutschen Raum gängigen Säuglingsnahrung nach ihren Inhalten sortiert werden. Ob sauer oder süß, fett oder entfettet, fettadaptiert oder nicht. Es waren etwa die folgenden Präparate: Alete Initial, Alete I und II, Milumil, Nektarmil, Aptamil, Humana I und II, Pomil, Nidina, Honigmilch, KS Milch, Aletana, Hippon I und II, Nan, Beba, Eledon, Pelargon, Citrettenmilch, Frischmilch, Kondensmilch und Muttermilch. Eine Fülle von Möglichkeiten, die dem Kinderarzt die richtige Auswahl schwer machte.

Es stellte sich heraus, dass die Einatmer – *mondabhängige Typen* – bei kräftiger Kost mit hohem Fettgehalt, aber niedrigem Zuckergehalt am besten gediehen. Oft erwies sich eine zusätzliche Ansäuerung als besonders günstig. Die Kondensmilch war auch bei den Kleinsten bereits gut verträglich. Je höher der Fettgehalt, um so besser schien das Milcheiweiß vertragen zu werden. Frischmilch erwies sich auch als verträglich, wenn der Fettgehalt nicht reduziert worden war. Die Verdünnungen wurden mit *Mondaminschleim (Maismehl)* gemacht, das sich als sehr bekömmlich erwies. Die Ansäuerung geschah mit *Citretten* oder einigen Tropfen *Citrone,* oder es wurde eine der *angesäuerten Nahrungen* gegeben: Alete I und II, Pelargon. Erwähnt sei aus der Fülle der Möglichkeiten das angesäuerte, aber fettarme Eledon, das als Heilnahrung gute Dienste leistete, weil es individuell allmählich wieder mit Butterschwitze angereichert werden konnte. Die bei diesem Typ starke *Zuckerempfindlichkeit* bis zur totalen Zuckerintoleranz ließ bei Eledon eine individuelle Dosierung des Zuckers zu.

An ergänzenden Nahrungen tolerieren die mondabhängigen Kinder die *Karotte* in jeder Form besonders gut; ebenso Apfel und Kartoffel.

Ganz entgegengesetzt verhält sich der *Ausatemtyp* – der sonnenabhängige – der Bauchlieger. In seiner Ernährung steht vordergründig das Bedürfnis nach *Kohlenhydraten* und *eiweißreicher* Kost. *Fett* wird schwer toleriert, insbesondere das tierische Fett. Entfettete bzw. magere Milch wie Alete Initial halfen in kurzer Zeit, aus dem schreienden, unruhigen Säugling mit Blähbeschwerden einen ruhigen, gut gedeihenden Säugling zu machen. Die einfachste Form dieser Ernährung war abgerahmte Milch, mit *Haferschleim* verdünnt und mit *Honig* gesüßt. Die volladaptierten Nahrungen

---

[1] fettangepasst

zeigten hier ihren Wert. Die Karotte war von besonderer Unverträglichkeit. Blähbeschwerden, Spucken und Hautausschläge traten auf. An Stelle der Karotte tritt der Spinat und die Tomate in roher Saftform. Der Flüssigkeitsbedarf dieser Kinder ist geringer, so dass man eher zu Breien übergehen kann. Der *Zuckerbedarf* ist groß, so dass man bei Dyspepsien nie ganz auf Zuckerzusatz verzichten darf.

Die nach den beiden vorgenannten Richtlinien ernährten Kinder zeigten durchweg ein sehr gutes Gedeihen, hatten frische rosige Farben, schliefen entspannt und ruhig – jeweils auf Bauch oder Rücken – und zeigten Fröhlichkeit und Vitalität. „Ich weiß gar nicht, wie mein Kind eigentlich weint", so berichteten mir Mütter, glücklich und stolz. Es gab keine psychologischen Probleme, keine Verhaltensstörungen von Seiten der Kinder und kein Fehlverhalten der Mütter.

Jene Nahrungen, die sowohl tierisches wie pflanzliches Fett enthalten, spielen dabei eine besonders belastende Rolle. Eine zunächst scheinbare Verträglichkeit bei starker Gewichtszunahme erweist sich mit der Zeit als ungeeignet. Das Schreien der Kinder wird als Hunger gedeutet, die Leibschmerzen bei einem aufgetriebenen Bauch werden stärker, allmählich verfärben sich die Stühle, die Kinder sehen blass aus, werden launisch. Ändert man die Nahrung nach einer ausgiebigen Teepause allmählich auf die typenrichtige Weise, so folgt schon auf die Teepause eine ruhige Nacht durch die Entlastung des Magen-Darm-Traktes. Spätestens nach 8 Tagen ist die Umstellung auf die neue Nahrung vollzogen, und es folgt nunmehr ein normales Gedeihen. Der gespannte Gesichtsausdruck der Kinder verschwindet, ebenfalls der geblähte Leib und damit das Schreien; Hautturgor und Farbe normalisieren sich. Vitalität, Weichheit der Bewegungen, gleichmäßig gute Stimmung: Das sind die Kennzeichen eines typenrichtig ernährten Kindes. Das Kind wird für seine Umgebung zur ungetrübten Freude. Die Gewichtszunahme ist sanft ansteigend, und die Funktionen stellen sich altersgemäß ein. Dies alles ist in Hunderten von Fällen von mir registriert worden, sowohl in der Praxis als auch in den Kinderheimen. In letzteren vertrauten die Leiterinnen wie auch das Personal voll auf diese neuen Erkenntnisse. Ich hatte auch infolge der schnellen Heilungen das Vertrauen der Mütter, obwohl ich aus Zeitgründen nicht in der Lage war, den wahren Hintergrund unserer Empfehlungen jeder einzelnen Mutter zu erklären. Jene, denen ich eine Erklärung gegeben habe, drängten mich zur Veröffentlichung.

---

[2] Spannungszustand der Haut

Ich komme nun auf die Ernährungsstörungen des *Ausatemtyps.* Nach einer Teepause beginnt man am besten mit *Reisschleim,* dem man eine kleine Menge *Honig* oder Zucker zusetzt. Dies ist wichtig, weil dieser Typ sehr empfindlich auf *Zuckermangel* reagiert. Dazu folgendes eigene Erlebnis, das sich vor der Kenntnis dieser Typenlehre ereignete:

 Mein damals zweijähriger Sohn – den ich später als Ausatemtyp errechnete – hatte nach einer Bauchdrüsenoperation zunächst nichts zu trinken bekommen. Plötzlich verfiel er so erschreckend, dass die Chirurgen eine Peritonitis befürchteten. Aber Azetongeruch führte zu der richtigen Annahme, dass es sich um einen akuten Zuckermangel handeln müsse. Eine Traubenzuckerinfusion führte augenblicks zur Behebung dieses bedrohlichen Zustandes.

Spätere Beobachtungen haben mir bei Kenntnis des jeweiligen Typs diese besondere Empfindlichkeit der *Ausatmer* bestätigt. Auf Reisschleim mit Zucker folgt dann der Aufbau mit einer der *fettarmen* Nahrungen, bei denen der *Eiweißanteil* relativ groß ist. Bald kann auch Banane gegeben werden und bei älteren Säuglingen *Magerquark.* Die Ernährungsstörung wird schnell behoben sein. Abgesehen von Störungsfällen gilt für diesen Typ, dass der *Flüssigkeitsbedarf* nicht sehr groß ist. Man kann frühzeitig mit Breinahrung beginnen und tut gut daran, *viele kleine Mahlzeiten* zu geben. *Steinobstsäfte* und roher *Tomatensaft* werden gut vertragen und der *Spinat* schmeckt und bekommt.

Die für den Einatemtyp so guten *Karotten* bekommen nicht. Es resultieren Dermatitiden und Verdauungsschwierigkeiten. Ebenso *wenig* bekömmlich sind saure Obstsorten wie die *Citrusfrüchte* und *Beerenobst.* Die Säureempfindlichkeit ist groß.

5 Dehnungs- und Verengungszonen

Nachdem wir an der Atmung das dehnende und verengende Prinzip kennen gelernt haben, stellt sich die Frage, nach welchem Prinzip der übrige Körper arbeitet. Ich deutete schon an, dass die Tätigkeit des Gehirns dabei von wahrscheinlich ausschlaggebender Bedeutung sein wird, denn im Gehirn werden ja alle Körperfunktionen angeregt und gesteuert. Es müsste demnach als Impulsgeber im gleichen Sinn arbeiten wie die Atmung. Das Gehirn ruht in der Hirnschale, die wir bis zur Haargrenze rechnen können, so dass der Gesichtsschädel als eine andere Einheit angesehen werden kann. Die Zentralstellen aller Körperfunktionen liegen wohlgeordnet im Gehirn und sind uns weitgehend bekannt. Das Atemzentrum liegt besonders geschützt. Die motorischen Zentren suchen wir im Hinterkopf. Geht man von der Vorstellung aus, dass sich das gesamte Gehirn wie das Atemzentrum verhält, so würde dies beim *Einatemtyp* bedeuten, dass es dem *Dehnungsprinzip* unterliegt und dehnende Impulse gibt. Das wiederum

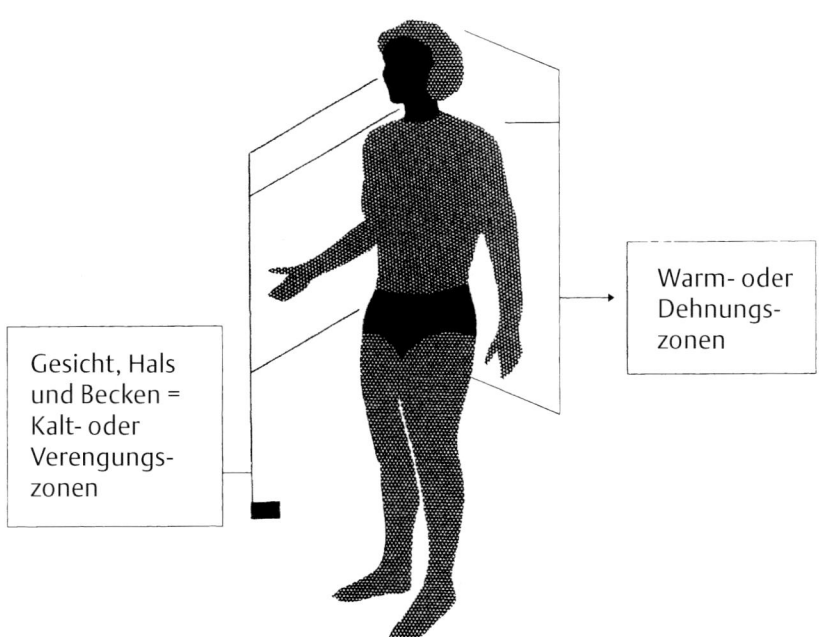

Warm- oder Dehnungszonen

Gesicht, Hals und Becken = Kalt- oder Verengungszonen

Abb. 1: Dehnungs- und Verengungszonen, lunar

12

bedeutet, dass bei einem gut durchbluteten Gehirn die motorischen Funktionen des Einatmers kräftigere Impulse erfahren als die des *Ausatemtyps.* Entsprechend der zentralen Anregung sind die Stellen unseres Körpers, die der *Motorik* dienen, auf *Dehnung* eingestellt. Es sind dies beim *lunaren Typ Hinterkopf und Ohren, die Gliedmaßen und der Oberkörper.* Da *Wärme* Dehnung fördert, so sind diese Stellen auch besonders wärmebedürftig, wie sich tatsächlich einfach und sicher nachweisen lässt – und später noch nachgewiesen wird.

Da beim *solaren oder Ausatemtyp* entsprechend der verengenden Atemimpulse sich auch die motorischen Zentren identisch verhalten, so sind die genannten Zonen wie *Hinterkopf einschließlich Ohren, Gliedmaßen und Oberkörper Verengungszonen* und reagieren gut auf *Kälte,* aber auch auf minder starke Anregung, und die *Zusammenziehung bzw. Beugung der Verengungszonen* (Oberkörper, Arm, Beine) fällt diesem Typ leichter.

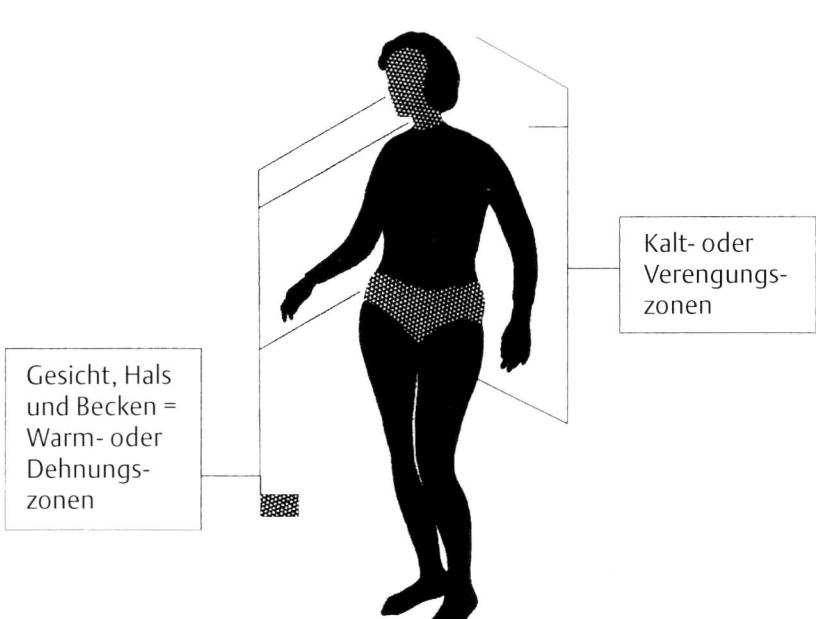

Kalt- oder Verengungszonen

Gesicht, Hals und Becken = Warm- oder Dehnungszonen

Abb. 2: Verengungs- und Dehnungszonen, solar

Haben wir diese Gesetzmäßigkeiten akzeptiert, so müssen wir uns mit einer weiteren Gegebenheit auseinandersetzen. Es reagieren drei Körperteile entgegengesetzt und ermöglichen im Körper ein besonderes Spannungsgefälle. Es sind dies *Gesicht, Hals und Becken.* Beim *lunaren* Typ sind diese drei Gebiete *kältefreundlich* bzw. *Verengungszonen,* während sie beim *solaren* Typ wärmebedürftig sind, auf *Dehnung* eingestellt. Wir haben also in unserem Körper einen Wechsel von sich dehnenden und verengenden Zonen. Dies ist von großer Bedeutung für weitere Folgerungen.

Besonders die später zu schildernde Übungsbehandlung basiert weitgehend auf diesen Tatsachen. Wir müssen dies als Gegebenheit hinnehmen, bis es einmal gelingen wird, biologische Erklärungen dafür zu finden. Es gibt noch viele Vorgänge in unserem Körper, die zwar beschrieben worden, aber noch nicht erklärbar sind, obwohl wir mit ihnen rechnen müssen.

Das entgegengesetzte Verhalten in der Motorik und im Stoffwechsel ist erklärbar durch den anderen O_2-Bedarf des *Einatmers* und die forcierte CO_2-Abgabe des *Ausatmers.* Schon beim Schwimmen und Tauchen lassen sich diese Unterschiede erkennen. Der *Einatmer* wird besser *Rückenschwimmen* und sich beim Tauchen schwer tun, während der *Ausatmer* ein gutes Durchhaltevermögen im *Brustschwimmen* und im *Tauchen* hat.

Ein Stoffwechsel, der viel O_2 zugefügt bekommt, zeigt andere biochemische Abläufe als der andere mit stärkerer CO_2-Abgabe, aber weniger O_2-Zufuhr. Darüber im folgenden Kapitel.

6 Stoffwechsel – Kleinkinder und Erwachsene

Es schrieb neulich jemand in einem Journal: „… und wenn weiter ernährungswissenschaftlich soviel verboten wird, dann können wir nichts mehr essen." Darum möchte ich den folgenden Ernährungsrichtlinien vorausschicken, dass es allgemeine Richtlinien sind, die aber volle Bedeutung erlangen bei Erkrankungen. Für den Säugling und das Kleinkind mit dem noch infantilen Digestionstrakt und der sehr empfindlichen Leber spielt die richtige Ernährung eine ausschlaggebende Rolle. Im späteren Leben wird vieles toleriert, kann sich aber nach Jahren als schädlich manifestieren.

Beim Kleinkind bauen wir auf dem auf, was sich im ersten Lebensjahr bewährt hat. Was der empfindliche Säugling vertragen hat und dabei gesund und vital geblieben ist, das müsste auch weiterhin dem Stoffwechsel gut tun. Bei jeder Pflanze und jedem Tier würde man das annehmen.

Wenden wir uns zunächst dem *lunaren* Typ zu. An Milchprodukten kämen *fette Milch, Sahne, Kondensmilch* in Frage – wobei Milch wegen des hohen Eiweißgehaltes mit Zurückhaltung gegeben werden sollte. Bei vielen Kindern, die die Sprechstunde wegen chronischer Appetitlosigkeit und Blässe bei normalen Blutverhältnissen aufsuchten, war die Ursache ein literweiser Milchgenuss, „damit das Kind wenigstens etwas zu sich nähme". Bis zu 500 ml Milch am Tag könnte man im Allgemeinen geben. Besteht eine chronische Obstipation , so genügen einige milchfreie Tage zur Behebung des Übels. *Kakao* stopft bei diesem Typ sehr, so dass man Kakao als Stopfmittel einsetzen kann. Den hohen *Flüssigkeitsbedarf* kann man mit *Apfelsaft, Apfelsinensaft, Pampelmusensaft, Mineralwasser und Tee (auch dünnen schwarzen Tee)* stillen. Vermeiden sollte man sehr *kalte* Getränke. Die Unsitte, direkt aus dem Eisschrank zu servieren, hat manche Gastritis zur Folge. Magen und Magenschleimhaut sind auf bestimmte Temperaturen eingestellt, bei denen die Funktion der Fermente gewährleistet ist. Eine Unterkühlung sowie Überhitzung ziehen Dysfunktionen nach sich. Gelegentliche Verstöße werden vom Organismus verkraftet, nicht aber eine Summation schädlicher Komponenten wie hastiges kaltes Trinken, große Hitze, beginnender Infekt, seelische Unpässlichkeit:

---

[1] Verdauungstrakt
[2] Stuhlverstopfung
[3] Magenentzündung

Das günstige Brot ist das mit *Sauerteig* gebackene *Roggenbrot. Butter* ist für den *lunaren* Typ ein notwendiges Nahrungsmittel. Etwas Marmelade oder Honig kann gewiss gegeben werden, wird aber vom instinktsicheren Kleinen oft schon abgelehnt als zu süß. Sie lehnen oft Süßes in jeder Form ab und verlangen *Wurst, Fleisch, fetten Speck, Käse, Schinken.* Hier möchte ich einmal besonders auf den *Quark* hinweisen. Er schadet dem *lunaren* Typ, und manchem Leberkranken sind sehr schlechte Dienste erwiesen worden, wenn er als unentdeckter *lunarer* Typ mit Quark gefüttert wurde. Dies kann ich aus eigener Erfahrung nach einer Gallenoperation bezeugen. Alles lief vor und während der Operation gut, bis auf dem Diätplan der Quark erschien, augenblicks der Stuhl hell wurde und Schmerzen einsetzten. Ein in Butter gebratenes Steak wurde gut vertragen und der Quark abgesetzt.

Die Mittagsmahlzeit als die wichtigste Mahlzeit dieses Typs hat zum Angelpunkt die *Kartoffel* in jeder Form. Dazu die Gemüse: *Karotte, Kohlrabi, Sellerie, Porree, Blumenkohl, Salat, Mais.* Geht es um jene Gemüse, bei deren Wachstum die Sonne kaum eine Rolle spielt, wohl aber der Mond, dessen Strahlen tiefer in die Erde dringen? Diese Frage ließe sich durch Versuche vielleicht klären.

Der rohe *Möhrensaft mit Sahne* und geriebenem *Apfel* ist eine wohlschmeckende gute Sache. *Gebratenes* oder *geräuchertes* Fleisch oder Fisch wird besser vertragen als gekochtes mageres Fleisch, Fisch oder Wurst. *Suppen* sind als Flüssigkeitsspender und Anreger der Magensäfte gut und werden gern gegessen. An Obst sind saftige Früchte, besonders *Beeren* gut verträglich, weniger das Steinobst wie *Kirschen, Pflaumen, Pfirsiche und Aprikosen.* Sehr gut sind der *Apfel, die Banane, Citrusfrüchte und Nüsse.*

Süßspeisen sind besser zu meiden. Das jetzt so wichtig gewordene *Eis* ist als kalte Süßspeise nur mit Maßen zuträglich. Ich sah manches acetonämische Erbrechen nach Eisgenuss, besonders bei großer Hitze. Um Kindern nicht ein Gefühl des Entbehrenmüssens zu geben bei diesem jetzt so viel konsumierten Genussmittel, kann man raten, das Eis mit einer heißen Soße anzubieten oder es aufweichen zu lassen.

Für Erwachsene gilt im Grundsatz dasselbe, was wir eben für Kinder durchsprachen. *Drei Mahlzeiten* genügen. Diese mit *kräftiger, fettreicher* Kost. Eiweiß wird zusätzlich mit Fett angereichert wie bei gebratenem Fleisch, Fisch oder Spiegelei. Die Kohlenhydratzufuhr geschieht am günstigsten durch die Kartoffel – wie in einem späteren Kapitel noch begründet werden wird.

---

[4] Brechanfälle mit Auftreten von Ketonkörpern im Blut

Das *Fett* ist animalisch: *Butter, Speck, Schmalz.*

Pflanzliches Fett wird vom *lunaren* Typ schlecht toleriert, wie mancher in südlichen Ländern zu spüren bekommen wird (Öl).

Bei Magen- und Darmstörungen ist der Erwachsene schnell zu heilen mit den wesentlichen Komponenten seiner Kost: Karotte, Kartoffel, schwarzer Tee und Apfel. Sehr bald wird roher Schinken und gebratenes Steak vertragen.

 Eine Patientin mit Hepatitis aß nur Haferschleim und Zwieback. Ihr Zustand wurde schlechter statt besser. Ein Klinikaufenthalt war bei 5 Kindern nicht möglich. Wir gaben ihr feucht-warme Umschläge auf die Leber, ließen sie langsam die später zu beschreibenden Übungen erlernen und ernährten sie kräftig mit oben genannten Speisen. Auch Butter wurde gegeben. Sie erholte sich schnell und die Schlappheit wich.

Gewürze (Pfeffer, Paprika usw.) sind gut für den *lunaren* Typ, weil diese die Magenschleimhaut anregen und obendrein Durst machen. Beim Erwachsenen spielen die Getränke eine große Rolle.

Nicht, was man ab und an trinkt, ist wesentlich, sondern das, was man häufig oder ständig trinkt. So ist der Dauerkonsum von *Bier* für den *lunaren* Typ schädlich, ebenso *Rotwein* mit seinem hohen Gehalt an Gerbsäure. Am schädlichsten ist ihm der *Bohnenkaffee.* Auf heimtückische Art schadet er dem Kreislauf allmählich. Er senkt bei diesem Typ den Blutdruck! Es stellen sich Schwächegefühle ein, die wiederum mit Bohnenkaffee behoben werden sollen. „Ohne meine Tasse Kaffee komme ich morgens nicht in Gang."

Der Kaffeekonsum wird größer, der Blutdruck niedriger, und man bemerkt nicht die Ursache des Übels, weil ja der Kaffee dem anderen Typ eine echte Kreislaufstütze ist. Bei Nichtkenntnis der Typenverschiedenheit wird von einem Menschen auf den anderen geschlossen. Auch kann so keiner wissen, dass er differenzierte Empfehlungen geben müsste. Auf den Laien wirken entgegengesetzte Ratschläge ohnehin verwirrend.

 Ich erinnere mich an eine Patientin während des Notdienstes, die mit stenokardischen Beschwerden im Hotel lag. Sie hatte bereits sehr starken Bohnenkaffee getrunken und neben ihr lagen 8 verschiedene Medikamente, die ihr in einem Diagnosezentrum verordnet worden waren. Sie nahm im Monat für 800,– DM Medikamente zu sich, deren Wirksamkeit zum Teil völlig entgegengesetzt lag. Bei der Berechnung ergab sich, dass sie ein lunarer Typ war und wahrscheinlich durch den Bohnenkaffeegenuss allmählich in diesen Zustand gekommen war.

---

[5] Herzschmerzen

Ähnlich lagen die Dinge bei Fräulein J., die auch nachts im Hotel Hilfe wegen aku-ter Kreislaufstörungen brauchte. Sie kam in meine Behandlung, erlernte die Übun-gen mit Erfolg. Aber schon durch das radikale Absetzen von Nikotin und Bohnen-kaffee konnte sie geheilt werden. 🌙

Das *Nikotin* spielt bei dem *lunaren* Typ eine ähnliche Rolle wie Coffein. Auch hier ein Beispiel:

Im Eilbesuch wurde ich zu K. B., geb. 27.11.1953, gerufen, die mir von klein auf als gesundes Kind bekannt war. Sie lag mit stenokardischen Beschwerden im Bett, daneben lagen die Zigaretten. Sie war eine starke Raucherin geworden. Ein Theo-phyllin-Präparat, feucht-warme Herzkompressen und forcierte Einatmung hal-fen sofort. Sie brachte die Energie auf, das Rauchen einzustellen, und war nach kurzer Zeit bei internistischer Ganzuntersuchung gesund. Nikotin ist tückisch durch die allmähliche Gewöhnung und das Nichtempfinden der Schädlichkeit. Wie soll ein junger Mensch begreifen, dass für ihn schädlich ist, was dem ande-ren recht gut zu bekommen scheint. Die vielen entgegengesetzten Resultate über die Schädlichkeit des Nikotins haben ihren Grund darin. 🌙

Wir kehren zurück zu den Kleinkindern – diesmal des *solaren* Typs. Der kleine Bauchschläfer mag seine Nahrung nicht so warm. Er isst auch nicht gern große Mengen. Darum sollte er wenigstens viermal täglich Nahrung geboten bekommen. Breie sind schon frühzeitig geeignet für ihn. *Süßspei-sen* liebt er, weil er reichlich *Kohlenhydrate* braucht wie *Reis, Gries, Hafer*. Die *Kartoffel* schwemmt ihn auf, und da die Kartoffel mehr *Fett* bei der Zubereitung braucht, ist sie nicht so geeignet zur Ernährung des solaren Typs. Dessen Fetttoleranz ist begrenzt und auf *pflanzliche Fette* beschränkt. So hat es uns der Säugling gelehrt. *Öl, Margarine* toleriert er. *Helles Brot, Brötchen, Zwieback* sind ihm leichter verdaulich und nicht stopfend. Dazu *fettarme Milch.* Da der Eiweißbedarf groß ist, gehört hier der *Magerquark* zu den idealen Nahrungsmitteln. Man könnte vor jedes Nahrungsmittel das Wort „mager" setzen. Käse als *Magerkäse, mageres gekochtes Fleisch und Fisch.* Auch die *Hülsenfrüchte* mit ihrem hohen Eiweißgehalt werden vertragen, die bei dem lunaren Typ so starken Meteorismus machen.

Aber der einjährige *Ausatmer* verträgt sie schon, denn seine Eiweißver-dauung ist gut. Wie wir aus zwei Weltkriegen wissen, können viele Men-schen – eben diese – nicht ohne *Zucker* sein. Verzweifelt kochte man selbst aus Rüben Zuckerrübensaft, um den Zuckerhunger zu stillen. Honig ist auch bekömmlich.

---

[6] Gasansammlung im Bauch

Bei den Gemüsen finden wir hier die Abnehmer für *Kohlsorten* aller Art sowie für *grüne Bohnen, grüne Erbsen, Spinat, Tomaten. Gewürze,* die scharf sind und Durst machen, sind zu meiden, da sie stark reizend auf die Magenschleimhaut wirken.

Kalte Speisen werden vertragen und auch grundsätzlich von diesem Typ bevorzugt. Der *Oberbauch* liebt keine Wärme, verträgt aber *Kälte.* So wirkt nicht, wie bei *Wilhelm Busch* gesagt: „Ein heißes Eisen auf den kalten Leib gebracht, hat alles wieder gut gemacht", sondern eine Eisblase bei Gastritis oder Gallenbeschwerden.

Der Magen ist auch *säureempfindlich* und verträgt darum *saure Obstsorten wie Beeren* schlecht. Um so besser aber Steinobst, Feigen, Ananas und die Banane.

Als schädlich kann man die *Karotte* bezeichnen und die *Citrusfrüchte.* Beides zeigt sich bereits beim Säugling und kann beim Kleinkind und Erwachsenen zu Durchfällen führen. Mancher Hautausschlag, besonders in jungen Jahren, hat hier seine Ursache.

Ich hatte neun Geschwister und habe – nach Erlernung dieser Typenlehre – manche Erfahrungen an ihnen auswerten können.

 So konnte einer von ihnen, geb. 23.5.1906, – ein solarer Typ – nach einer Karottenmahlzeit das Haus aus Angst vor Durchfall nicht verlassen.

 Umgekehrt bekam ein Bruder, geb. 4.2.1903, ähnliche Schwierigkeiten nach Spinatgenuss, der ihm als lunarer Typ nicht zuträglich war.

Die Kost des Kleinkindes weist bereits die Züge der Erwachsenen-Kost auf. Man sollte sich erinnern, was man als Kind nicht vertragen hat. Gewiss ist der Nahrungsbedarf des Erwachsenen vielseitiger, aber manches wird man nur scheinbar tolerieren, weil wir die heimlichen Schäden am Verdauungstrakt und an der Leber erst später quittiert bekommen – oft im Alter, wenn allmählich sich wieder mehr „kindliche" Verhältnisse einstellen.

Der erwachsene *solare* Mensch ist dank seiner größeren Beharrlichkeit, seines besseren Sitzvermögens und seiner Freude am Süßen der Genießer der Kaffeemahlzeit. Für ihn ist Bohnenkaffee ein anregendes und meist bekömmliches Getränk. So sitzen die Damen im gesetzten Alter gern Nachmittag für Nachmittag bei Kaffee und Kuchen und führen beharrliche Gespräche. Aber die *Sahne*!! Sie ist es, die diesen Typ straft für das tägliche Genießen.

---

[7] Magenentzündung

Da der *lunare Typ* die Sahne verträgt, aber alles andere nicht wie das lange Sitzen, den Kaffee und das Süße, so ist im ganzen gesehen der „Kaffeeklatsch" eine ungesunde, krankmachende Sitte. So reizvoll eine gemütliche Kaffeestunde ist, so sollte sie dann aber individuell aufgebaut sein: Tee dem einen, Kaffee dem anderen. Und eine kurze Unterbrechung oder Kürzung dieser Gepflogenheit durch Spazieren gehen würde weit besser vertragen.

 Eine lunare Patientin, die an Kreislaufschwäche litt, sagte sehr traurig: „Nun kann ich ja gar nicht mehr nachmittags gepflegt Kaffee trinken!" – Nun, sie konnte von nun an gepflegt Tee trinken und erlernte das auch bald mit Freude.

Sind diese Ernährungsratschläge zu streng, engen sie das Leben zu sehr ein? Ich meine, der Gewinn, den eine individuelle Lebensführung bringt, ist so groß durch Wohlbefinden, Lebensfreude und Lebensmut, dass dieser oder jener Verzicht in Essens- und Trinkgewohnheiten eine Kleinigkeit ist. So berichtete mir kürzlich eine Patientin, Frau eines Arztes, die seit Jahren typenrichtig lebt: „Alle meine Bekannten klagen über diese und jene Unpässlichkeiten, nur ich habe nichts!"

 Wer die Qualen der Leberkranken, die Reizbarkeit und Lebensunlust der Kreislaufkranken kennt, wird die Dinge richtig abzuschätzen wissen und sich nicht so verhalten wie Herr K., ein solarer Typ. Er rauchte täglich 40 Zigaretten. Dann begann es mit Magenschmerzen, Stauungen im Unterbauch, Oberschenkeln und Füßen. Es wurde der erste Zeh des 34-jährigen Mannes amputiert, bald das ganze Bein. Aber er rauchte weiter, die Schädigung des Gefäßsystems nahm zu, bis auch das zweite Bein abgenommen werden musste. Er war ein solarer Typ, der scheinbar Nikotin verträgt, aber hier wurden die Gefäße im Becken durch Verengung geschädigt. Es kam zu Stauungen, die sich auf den venösen Abfluss der Beine auswirkten.

Hier die Geschichte eines anderen solaren Typs, eines Landwirtes, Herr P. Er versagte zu seinem Kummer immer in der Erntezeit durch schwere Gastritiden – und dies seit 20 Jahren. Wir setzten alle bisher genommenen Medikamente ab, lagerten ihn in Bauchlage, verordneten Eiskompressen auf den Leib und strenge typenrichtige Kost. Nach kurzer Zeit heilte der Magen aus, und er ist seither voll leistungsfähig.

Die von *Hartmann* in seinem Buch „Krankheit als Standortproblem" [7] beschriebenen Beobachtungen, dass seine Patienten jeweils in Bauch- oder Rückenlage verschiedene messbare Reaktionen zeigten, findet in unserer Typenlehre die Erklärung. Bei der Zusammenfassung unserer berechneten Patienten fällt die 50-%-Verteilung der Typenzusammensetzung auf. Dasselbe fand *Frau Schäfer-Schulmeyer* [14] bei der Lateralitätsveranlagung der Menschen, und ebenso stößt *Hartmann* bei seinen georhythmischen

Untersuchungen auf die Eins-zu-Eins-Relation. In unserer Betrachtung wird diese Relation sich wahrscheinlich außerhalb der gemäßigten Zonen ändern, wie etwa in Äquatornähe.

Ist dies als eine von der Natur bestimmte ausgleichende Verteilung der Kräfte und Gaben zur Erhaltung des biologischen Gleichgewichtes anzusehen? Vielleicht bringen die vielfältigen neuen Untersuchungen über strahlende Kräfte, wie Erdmagnetismus, Gravitation, Magnetismus, elektrische Kräfte oder die des Kosmos, die noch keine Erklärung haben, Licht in das Dunkel der strahlenden Kräfte.

Ich selbst kann nur Erfahrungen mitteilen, die aber, wenn physikalisch bewiesen, große Wirkungs- und Erkenntnismöglichkeiten haben. Die gesamte Natur muss diesen Sonne-Mond-Einwirkungen unterliegen. Beobachtungen an Pferden und Hunden bestätigen uns dies. Wissenschaftliche Untersuchungen im modernen Sinn kosten Zeit und Geld und sprengten den Zeitrahmen einer Praxis.

Beim Lesen des Buches von *Hartmann,* „Krankheit als Standortproblem" [7], stößt man auf die Begriffe W-Typen = Pykniker = Wärmetypen und K-Typen = Astheniker = Kältetypen. Die vielfachen Versuche (siehe *Hartmann*-Tabelle)*, Menschen in Konstitutionstypen einzuteilen, müssen scheitern, da sie allein Habitus oder Verhalten berücksichtigen, nicht aber die von Geburt an mitgegebenen Voraussetzungen. Typenfalsches Verhalten kann nicht erkannt werden, und es kommt zu Irrtümern und falschen Konsequenzen. Nach unserer Typenlehre können wir typenfalsches Verhalten auf Grund der Typenberechnung erkennen. Eine Belehrung über typenrichtiges Verhalten und Kostplan sowie eigens für jeden Typ ausgearbeitete Übungen helfen, die bestmögliche Lebensform zu finden, auch wenn genetisches Erbe, Erziehung, Umwelt und Lebensnotwendigkeiten Gegenspieler sind.

Tabelle 1: Lunare Ernährung

Grundregel lunar: drei große, kräftige, mineralreiche Mahlzeiten (viel Säure) – nicht kalt, viel Flüssigkeit									
Getränke			**Gemüse, Obst**			**Eiweiß, Fett, Kohlenhydrate**			**Gewürze**
gut	bedingt bekömmlich	schädigend	gut	bedingt bekömmlich	schädigend	gut	bedingt bekömmlich	schädigend	gut
viel trinken Apfelsaft, Citrusfruchtsaft, Sahne, Mineralwasser, Karottensaft	Milch, Weißwein*, Sekt*, schwarzer Tee*	Bohnenkaffee*, grüner Tee*, Rotwein*, Bier*, süße Säfte, kalte Getränke	Kartoffel, Karotte, Kohlrabi, Sellerie, Rosenkohl, Blumenkohl, Mais, Gurke, Apfel, Citrusfrüchte, Beerenobst	Steinobst, grüne Erbsen und Bohnen, Tomate	Kohl, Hülsenfrüchte, Spinat	Roggen, Mais, dunkles, saures Brot, tierische Fette: Butter, Speck, Schinken, gebratenes Fleisch, Fisch, Wurst, Spiegelei, Eigelb, viel Suppen	Reis, Nudeln, Grieß, Obstkuchen	Weißbrot und dergl., fettarmer Quark, gekochtes Fleisch und Fisch, Honig, Zucker aller Art, pflanzliches Fett: Öl, Margarine	viel Gewürze und Pfeffer (scharf würzen möglich), Senf
S Ä U G L I N G E / K L E I N K I N D E R									
Muttermilch, saure, fette Milch, Kondensmilch, Normalmilch	teiladaptierte Milch, Steinobst, Tomatensaft	volladaptierte Milch, magere Milch, süßangereicherte Milch	Kartoffel, Karotte, Kohlrabi, Salat, Zitronentropfen, Apfelsine, Apfel und Banane	grüne Erbsen	Spinat, Kohl, Hülsenfrüchte	Kartoffelmehl, Maismehl, Eigelb	Eiweiß	Hafer, pflanzliche Fette	

* = Genußmittel, keine Nahrungsmittel

Tabelle 2: Solare Ernährung

Grundregel solar: häufig kleine Mahlzeiten; fett- und säurearm, kohlenhydratreich; wenig Flüssigkeit

| Getränke | | | Gemüse, Obst | | | Eiweiß, Fett, Kohlenhydrate | | | Gewürze |
gut	bedingt bekömmlich	schädigend	gut	bedingt bekömmlich	schädigend	gut	bedingt bekömmlich	schädigend	schädigend
wenig trinken, nicht heiß, magere Milch, süße Säfte	Kaffee*, Rotwein*, Bier*, Malzbier	Sekt*, schwarzer Tee*, saure Weine*, fette Milch, Sahne	Spinat, Tomaten, Kohl, grüner Salat, grüne Erbsen, grüne Bohnen, Bananen, Steinobst	Kartoffel, süßes Beerenobst	Karotte, Citrusfrüchte, Beerenobst, Himbeere	viel Eiweiß, Weizen, Hafer, weißes Brot, Kuchen, Nudeln, Reis, Grieß, Hülsenfrüchte, Quark, magerer Käse, mager gekochtes Fleisch und Fisch, magere gekochte Wurst, pflanzliches Fett, Zucker, Honig	fetter Käse, fetter Quark	Butter, Speck, Schmalz, Säure, Citrusfrüchte	scharfe Gewürze
			SÄUGLINGE / KLEINKINDER						
Muttermilch, fettarme, süße Milch, volladaptierte Milch, Sojamilch, Honigmilch	teiladaptierte Milch	fette Milch, Kondensmilch, saure Milch	Spinat, Tomate, Banane, Steinobst	Apfel, Birne	Karotte, Beerenobst, Citrusfrüchte	Magerquark, mageres gekochtes Fleisch und Fisch, Eiweiß	Eigelb	Butter	

* = Genußmittel, keine Nahrungsmittel

7 Umwelt, Erbfaktoren – Lunar

„Dass auch biologische Uhren des Menschen durch kosmische Phänomene gesteuert werden, weiß man schon seit geraumer Zeit", schreibt *Gauquelin* in seinem Buch „Die Uhren des Kosmos gehen anders" [6]. Betrachtungen und Untersuchungen über die Verschiedenheiten rhythmischen Verhaltens sind viele angestellt worden, weil die daraus resultierenden sozialen, ökonomischen und medizinischen Folgen sehr groß sind. Mir scheint, dass es ein großer Fortschritt ist, nunmehr berechnen zu können, zu welchem Typ – Früh- oder Spätschläfer – ein Mensch gehört und welches sein Tagesrhythmus ist. Ohne diese Berechnungen kann Umgewöhnung dem Menschen Rhythmen aufzwingen, die in der Folge zu Gesundheitsschäden mancher Art führen. *Rensing* [13] berichtet von Rhythmusstörungen mit Leistungsveränderungen im tagesrhythmischen Verlauf bei Tag- und Nachtarbeitern oder Früh- und Spätaufstehern. Eine beliebige tagesrhythmische Funktion, wie etwa der Muskelinnendruck, erreicht im ersten Fall (Frühaufsteher) schon um 9.00 Uhr, im zweiten Fall (Spätaufsteher) erst um 17.00 Uhr sein Maximum. Der erste Fall, der Frühaufsteher, wäre nach unserer Lehre der *solare* Typ, der zweite der *lunare*. Letzterer hat auch nach unseren Erfahrungen sein Leistungsmaximum nachmittags und abends. Es ist der Spätaufsteher, dessen beste Schlafenszeit der Morgen bis gegen 8.00 – 11.00 Uhr ist. Studenten werden in der Examenszeit spüren, wann sie ihr Leistungsmaximum haben, denn geistige Hochleistung lässt sich schwer über längere Zeit gegen die individuelle Veranlagung erzwingen.

Gelegentliche Verstöße gegen die innere Uhr werden – wie auch *Rensing* [13] betont – nicht zu ernsteren Störungen führen, aber ein falscher Dauerrhythmus schädigt sehr. Wie man laut *Rensing* beim Ablesen von Messgeräten festgestellt hat, kommt es zu tagesrhythmischem Leistungsabfall. Wenn, wie jetzt allgemein bekannt, manche Enzyme in ihrer Synthese vom Tagesrhythmus abhängig sind, so lässt sich vorstellen, wie schädlich sich eine Änderung des individuellen Rhythmus „auf die Organe auswirken muss. Umgekehrt lässt sich sagen, wie wohltuend die Kenntnis des eigenen Rhythmus" und Typs sein muss.

Klimatisch haben wir für den *lunaren* Typ, bei dem *Herz und Lungen* nach dem dehnenden Prinzip arbeiten, die besten Bedingungen im *feuchtwarmen Klima* wie in Meeresnähe, an Seen und Flüssen, in Niederungen mit Laubwald. Die erfolgreiche Verschickung von Patienten hängt davon ab. Wie ich in jahrelangen Beobachtungen in einem Seebad feststellen konnte, war der beste Kurerfolg bei lunaren Kindern zu erzielen, wenn keine zu starke Sonnenstrahlung und „schlechtes Wetter" mit Regen war.

Das Gebirge ist für den *lunaren* Typ eine Belastung. Ab 400 Meter bis 1500 Meter etwa wird er keine rechte Erholung finden, wie viele nach einem Gebirgsaufenthalt feststellen mussten. Kreislaufschwache *Lunatiker* können dort böse Erfahrungen machen. Ich selbst – als *lunarer* Typ – konnte bei Fahrten in den Harz ab 400 Meter stets Kopfschmerzen registrieren, Erscheinungen, die mit dem Älterwerden und mit geringerer Toleranz des Kreislaufes naturgemäß noch stärker auftreten.

 Ein lunarer Patient, der sich gegen unseren Rat im Harz ein Haus baute, musste dies wegen Kreislaufstörungen wieder verkaufen und lebte fortan an der spanischen Küste in wachsender Genesung.

Warum ab 1500 Meter Höhe die Bedingungen wieder günstiger sind, müsste genauerer Forschung unterzogen werden. Noch ist es Erfahrung.

Die *Warmhaltung* des gesamten Körpers ist für den *lunaren* Typ sehr wichtig wegen seiner ausgedehnten Wärmezonen. Das Gesicht dagegen sollte man vor intensiver Sonnenstrahlung schützen. *Augen und Nebenhöhlen* lieben die Sonne und grelles Licht nicht. Der Hals kann, da er eine Kältezone wie das Gesicht ist, abgehärtet werden (siehe Kapitel 5: Dehnungs- und Verengungszonen).

Die Zimmertemperatur wird als angenehm empfunden, wenn sie gut warm ist, und für das Bett werden Federn oder Wolldecken wohltuend sein. Die *Ohren* gehören jeweils zum *Hinterkopf*, das bedeutet hier zur Wärmezone, darum müssen sie mit dem Hinterkopf warmgehalten werden.

Hier sei eine Anmerkung gestattet: In der chinesischen Akupunktur gibt es eine Richtung, die nur mit dem Ohr arbeitet und meint, alle Organe im Ohrmuschelbereich in „Points" erfassen zu können. Immerhin wird eine 2000 Jahre alte Methode sich nicht ohne Berechtigung erhalten haben. Das Ohr ist stark durchblutet und von zahlreichen Nerven durchzogen. In unserer Biologie wird dem Ohr keine solche Bedeutung beigemessen, aber die Nähe zum Gehirn macht die Ohren doch zu einem sensiblen Organ.

Es ist nicht einerlei, ob man bei Ohrenaffektionen mit Wärme hinter dem Ohr behandelt oder vor den Ohren, wie ich bei zahlreichen Mittelohrentzündungen feststellen konnte. Das Ohr gehört zum Bereich des Hinterkopfes und muss entsprechend behandelt werden.

---

[1] Krankheitsbefall des Ohres

Der Schlaf ist ein wichtiger Teil unseres Lebens. Während dieser kostbaren Zeit sollten wir entspannen und durch chemische und nervliche Umstrukturierung neue Kräfte sammeln. Die *Rückenlage* ist die entspannendste Lage des *Lunatikers*. Herz und Lunge sind dabei am dehnungsfähigsten und die Einatmung am ergiebigsten. Die rechte Seitenlage ist auch möglich, weil sie die Herzgegend frei von Druck lässt. Von warmen Decken sprachen wir schon. Mancher Säugling schläft erst ein, wenn er wohlig-warm zugedeckt ist. Er hat nicht das Bedürfnis des Bloßstrampelns wie sein solarer Gegenspieler. Warme Bäder vor dem Schlaf sind gut und eine besondere Wohltat, wenn anschließend die *Kältezonen* (Hals, Gesicht und Becken) kalt gewaschen werden. Es kommt zu einer intensiven Durchblutung des Körpers.

Täglich sollte ein Spaziergang ermöglicht werden. Das motorische Zentrum liegt in der *Warmzone Hinterkopf* und möchte angeregt werden. Es ist der Motor des *Lunatikers,* den Frau *Schäfer-Schulmeyer* [14] als *Bewegungstyp* bezeichnet, im Gegensatz zum *Steh- oder schreitenden Typ.* Je mehr Anregung das Gehirn hat, um so besser ist seine Durchblutung und um so besser das Allgemeinbefinden des Bewegungsmenschen. Darum ist eine sitzende Lebensweise für diese Menschen sehr ungünstig. Er braucht dann unbedingt Ausgleichssport oder Spaziergänge – nicht aber das Autofahren.

Die *Gangart* beim Spazierengehen haben wir bereits kennen gelernt. Mit nach *vorne gebeugtem Oberkörper, fersenbetont, mit kurzen schnellen Schritten und rhythmisch linksbetont* – so geht er in froher Stimmung. Um fersenbetont gehen zu können, benötigt er flache Absätze. Ein normaler *Lunatiker* steht Qualen in Schuhen mit hohen Absätzen aus. Treibt die Eitelkeit doch dazu, so rächt sich dies in Rücken- und Kopfschmerzen bis hin zu organischen Krankheiten. Ein flotter Gang in typenrichtiger Weise ist der Ausdruck einer fröhlichen, selbstsicheren seelischen Situation – ein Spiegel der inneren Verfassung.

Auch der Sport sollte möglichst dem Typ entsprechen, vor allem der Hochleistungssport. Ist dieser in seiner Hauptforderung typenwidrig, so ist er schon manchem zum Verhängnis geworden. Dies wäre ein Feld der Sportphysiologie. So wird im Schwimmen in Rückenlage Besseres durch die erleichterte Einatmung zu leisten sein. Das Gleiche kann man vom Rudern sagen. Beim Tennis wird das schnelle Reagieren im Laufen und der kräftige Rückhandschlag Vorteile erbringen. So lässt sich jede Sportart prüfen, wo ihre besondere Typenzuständigkeit liegt.

Wenden wir uns noch einmal den Kleinsten zu. Das soviel propagierte Kriechen ist nicht für diesen Typ, weil es ein Hohlkreuz forciert, das sich später schädlich auswirken kann. Sitzen diese Kinder obendrein mit nach hinten geschlagenen Unterschenkeln, so verformt sich die Wirbelsäule in typenfalsche Krümmungen, die sich später in Wirbelsäulenschäden manifestieren. Es kann zu Verdauungsstörungen, Nierenleiden und ähnlichem kommen. Günstiger ist es, diesen Kindern das Rutschen auf dem Gesäß nach vorn beizubringen. Viele von ihnen neigen ohnehin dazu, sich vom Liegen in den Stand hochzuschnellen. Im Sitzen stört uns bei ihnen die „Sitzkyphose" nicht, da sie für diesen Typ physiologisch ist und eine Gegenkrümmung im Halsbereich hat. Diese Wirbelsäule wird im Endeffekt „gerade" sein. Die richtige Kopfhaltung mit leichtem Opistotonus erlernen die Kleinkinder gut, wenn man ihnen ein Mobile über dem Kopf aufhängt, das sie veranlasst, nach oben zu sehen. Zusätzlich regt die Bewegung des Mobile ihre eigene Bewegungsfreudigkeit an.

Von Schulärzten wird der sogenannte Rundrücken generell bei allen Kindern gerügt, da bislang keine Typenverschiedenheit berücksichtigt werden konnte. Das hat für die *lunaren* Kinder schlechte Folgen, da sie als haltungsschwach bezeichnet und sogar manchmal mit einem Gipsbett bedacht werden. Sie haben aber keinen Rundrücken im pathologischen Sinn, also keine fixierte Kyphose, sondern einen im Stehen durch Hohlkreuz ausgleichbaren Rundrücken. Wehe, wenn diese Kinder durch ausgearbeitete Rückenlehnen zum Sitzen im Hohlkreuz gezwungen werden. Ihre Aufmerksamkeit ist gestört, sie fühlen sich schlecht und wissen nicht, warum. Da der andere Typ sich in dem gleichen Gestühl wohlfühlt, kommt es bei den Schulbehörden zu dem häufigen Wechsel der „richtigen" Lehnen zur Modernisierung der Sitzhaltung. In der Eisenbahn finden wir Kopfstützen, die den Kopf zwingen, nach vorn gehalten zu werden. Autostützen aller Art werden konstruiert, verworfen; Kirchenstühle werden geändert.

Der aufmerksame Beobachter merkt, dass die ideale Rückenlehne noch nicht gefunden wurde und auch nicht gefunden werden kann, solange nicht typenverschiedene Konstruktionen angeboten werden. Einen solchen Stuhl haben wir jetzt entwickelt. Mit diesem Stuhl ist das an die Körpergröße angepasste individuelle atemtypgerechte Sitzen leicht möglich und bewirkt auch bei langem Sitzen ein außerordentliches Wohlgefühl.

 Meine Großmutter – ein solarer Typ – konnte im Alter von 80 Jahren ohne Anlehnen im Eisenbahnabteil von Bremen nach Schlesien fahren, Halt findend aus eigener Rückenkraft, im Hohlkreuz ruhend.

---

2 Rückgratverkrümmung nach hinten
3 leichte Rückwärtsbeugung des Kopfes durch Anspannung der Rückenmuskulatur

Ihre Empfehlungen an ihre Enkel, ebenso Selbstdisziplin zu haben, nutzten nicht jedem, weil ein *lunarer* Mensch gar nicht in der Lage ist, über Stunden ohne Rückenhalt zu sitzen. Im Gegenteil, seine Atmung ist durch das Sitzen mit rundem Rücken erleichtert. Er hat das Bedürfnis, seine Beine hochzulegen, um das Kreuz noch mehr zu runden.

Um Schreibarbeitern Unbehagen und Kopfweh zu ersparen, muss man Sorge tragen, dass die Halswirbelsäule eine Neigung dorsalwärts hat. Das geschieht am besten mit Hilfe eines Pultes, entweder zusätzlich auf dem Tisch aufmontiert oder durch schräge Schreibunterlage und niedrigen Sitz.

 Eine Studiendirektorin, Frau H., hatte vor dem Abitur wochenlang mit Korrekturen von Aufsätzen zu tun. Nach jedem Abitur gab es einen nervlichen Zusammenbruch mit Ohnmachten und Kreislaufschwäche. Als sie aber lernte, mit hochgelegten Beinen und richtiger Kopfhaltung zu arbeiten, entsprechend ihrem lunaren Typ, überstand sie diese Zeiten ohne den bösen Nachklang. Ein Pultaufbau half beim Schreiben und Lesen. Bei ihr war durch eine falsche Kopfhaltung die Durchblutung des jetzt besonders beanspruchten Gehirns blockiert worden.

Einer ihrer Kollegen gleichen Typs bekam durch zu vieles und falsches Sitzen mit Hohlkreuz und nach hinten gebogenen Knien Magen- und Leberstörungen, die ihn ergebnislos zu den verschiedensten Spezialisten führten. Die Ursache konnte auch hier durch Änderung der Sitzhaltung beseitigt werden. Beide Kollegen brauchten notwendig das Spazierengehen zum Ausgleich für das viele Sitzen.

Denken wir an Putzfrauen dieses Typs, die ständig gebückt Fußböden bearbeiten müssen, oder Landarbeiterfrauen, die soviel in gebückter Haltung werken müssen, dann versteht man, dass viele dieser Frauen so frühzeitig verbraucht und alt aussehen. Es wäre interessant, jeweils die Typenberechnung bei ihnen zu machen – wie ich es in einigen Fällen tun konnte.

Unser Körperbau ist zunächst eine ererbte Gegebenheit. Hat der *lunare* Typ Glück, so sind seine *Dehnungszonen breit* und kräftig angelegt, mit einem gut geformten Hinterkopf, breitem Thorax und kräftigen Extremitäten. Das Becken kann schmal sein. Ist es zu breit und kräftig, so entzieht es anderen Organen, die auf gute Durchblutung bei diesem Typ angewiesen sind, zuviel Blut.

Warum gedeiht das eine asthenische Kind gut und wird als „zäh" bezeichnet, während das andere als zartes Wesen gestempelt wird? Nun, der asthenische Habitus passt nicht zu den Lebensfunktionen des *lunaren* Typs. Der Pykniker mit breitem, kräftigem Brustkorb, mit kräftigen Muskeln, Knochen und Gelenken kann dem Bewegungsdrang gerecht werden.

28

Die Füße sollten breit und kurz sein, um einen guten Fersengang zu unterstützen. Ein schlanker Hals und das schlanke Becken schaffen gesunde, ansehnliche Proportionen.

Zusammenfassend sei festgehalten:

Der *lunare* Typ ist Einatmer = Mondtyp = Bewegungstyp = Dynamischer Typ.

Er liegt in Rückenlage, hat immer einen Rundrücken, außer im Stehen, er sitzt angelehnt mit rundem Rücken am Übergang Becken zum Lendenwirbelbereich mit aufrechtem Oberkörper, locker nach vorne gestreckten Beinen mit aufgestellten Füßen, Beine eventuell hochliegend. Er geht mit leicht nach vorn gebeugtem Oberkörper und schnellen, kleinen, fersenbetonten Schritten, Tendenz: linksbetont. Er steht rechtsbetont mit aufrechtem Körper und Hohlkreuz. Seine Kraftseite ist rechts.

8 Umwelt, Erbfaktoren – Solar

Der Frühaufsteher – ist er fleißiger als der Spätaufsteher? Das erscheint vielen Menschen so. „Morgenstund hat Gold im Mund" heißt ein viel zitiertes Sprichwort. Der Bauer ist gezwungen, in Abhängigkeit von Wetter und Tieren früh aufzustehen. Manch anderer ist ebenfalls aus ökonomischen oder anderen Notwendigkeiten dazu gezwungen, wie auch die meisten Hausfrauen.

Ist die innere Uhr auf Frühaufstehen gestellt oder – von unserer Sicht gesehen – gehört man zu dem *solaren* Typ, so wird das Frühaufstehen nicht schwer fallen und man wird sich dabei gesund und leistungsfähig fühlen. Dies aber trifft für den lunaren Typ nicht zu. Es ist kein Anlass zu Lob oder Kritik gegeben, wie die Terlusollogie ja keine Wertigkeiten enthält, sondern die individuellen Gegebenheiten und die daraus folgenden Möglichkeiten aufzeigt.

Es geht um die Anlagen des Menschen. Was er selbst daraus macht, das untersteht seiner Willensfreiheit. Stimmen diese Anlagen mit seinem Erbgut und seiner Umwelt überein, so wird er gut dran sein. Unser Leben wird bestimmt durch diese Anlagen sowie durch unser Erbgut, unsere persönliche Freiheit und das Schicksal als ein Faktor unserer Umwelt. Nutzt ein Mensch seine Anlage als Frühaufsteher, so wird seine Arbeitskraft erhöht sein, seine Gesundheit wird es ihm danken, er kann froh den frühen Morgen mit seiner Schönheit und Ruhe genießen. Seine Leistungen werden entsprechend gut sein – dies alles ist sein freier Wille und selbst errungenes Glück. Glauben wir nicht mehr an diese individuelle Freiheit, selbst wenn sie keine unbedingte mehr sein kann, so berauben wir die Menschheit eines ihrer kostbarsten Güter. Notwendigkeiten, Zivilisation, Schicksal sind Gegenspieler dieser Freiheit, denen man mit seiner Individualität entgegentreten sollte.

Ein Familienleben ist im Alltag leichter zu meistern, wenn Typengleichheit herrscht. Das bedeutet, dass Ernährung und Gewohnheiten im Gleichklang stehen. Ist das nicht der Fall, so sind die übergeordneten menschlichen Charaktereigenschaften und Tugenden dazu da, die Alltagsklippen verständnisvoll zu überbrücken.

Das *Klima* des *solaren* Typs sollte ein trockenes sein, wie in Hochebenen, Nadelwald, Mittel- und Hochgebirgen. Die beste Höhenlage ist zwischen 600 und 1500 Metern. Das Wüstenklima wird nur diesem Typ bekömmlich sein, da der verengende Einfluss der Trockenheit und der Sonne hier extrem groß ist.

Haben wir nasskalte Winter, so kann man bei Kindern dieses Typs einen deutlichen Leistungsabfall in der Schule beobachten, der Eltern in Erstaunen setzt, weil im Sommer die Leistungen doch so gut waren. Man kann sie beruhigen, dass im folgenden Sommer die Leistungen wieder ansteigen werden.

Lebt jemand im falschen Klima, so sind körperliche Abhärtungen durch kalte Waschungen oder Freibäder ein kleiner Ausgleich, besonders wenn diese ergänzt werden durch anschließende Waschungen der *Warmzonen* mit warmem Wasser: also Gesicht, Hals und Becken. Der Hinterkopf als Kaltzone muss gegen zu starke Besonnung geschützt werden. Bei krampfgefährdeten Kindern ist die *Besonnung des Hinterkopfes* manchmal die auslösende Ursache eines Krampfes.

 Hartwig H., geb. 26.9.1960, solarer Typ, bekam am 11.5.1966 einen Anfall mit plötzlicher Sprachstörung und Gaumensegellähmung. Es fand sich im EEG eine herdförmige Störung. Er wurde medikamentös behandelt, aber insbesondere mit einer Übungsbehandlung, wie sie später beschrieben werden wird. Er war nur im Hochsommer krampfbereit, wenn er bei Hitze ohne Kopfbedeckung bei landwirtschaftlicher Arbeit half, zum letzten Mal im Juni 1972. Seither störungsfreies Gedeihen.

Der *Bewegungsdrang* ist gering, weil der Hinterkopf mit den motorischen Zentren eine *Kaltzone* ist und weniger durchblutet sein sollte als bei dem lunaren Typ. Wohl kann Temperament einen Bewegungsdrang vortäuschen, oder dieser kann durch Fehlverhalten gesteigert sein, aber der gesunde *solare* Typ liebt das *Ruhende, Beharrliche.*

 Ein Landwirt wurde nach seinen Tieren gefragt, als er als solarer Typ errechnet worden war. Selbst erstaunt gestand er, dass er sie alle abgeschafft habe und nur noch Maschinen habe. Gewiss mussten dies im Trend der Zeit viele Landwirte tun, dieser aber mit deutlicher Abneigung gegen Getier, weil ihm die mit Bewegung gekoppelte Fürsorge für die Tiere unbewusst unangenehm war.

Auffallend ist bei diesem Typ die Freude an *kräftigen Farben,* besonders rot und blau. – Die Pastellfarben werden von dem anderen Typ bevorzugt. – Das *Auge* des *solaren* Typs liegt in der Warmzone im gut durchbluteten Gesicht und ist daher leistungsfähiger im Erfassen der Dinge. Diese Kinder lieben Farbenspiele und werden bei den Spielen, die vom Auge ein schnelles Erfassen verlangen, immer Sieger sein, wie wir in fröhlicher Runde oft festgestellt haben. Sie erfassen auch die *Einzelheiten* in einem Raum schneller.

Kopftuch, Tropenhelm, Strohhüte sind keine Modesachen, sondern Notwendigkeiten zum Schutze des hitzeempfindlichen Hinterkopfes, sonst hat der *solare* Typ mit seinen ausgedehnten Kaltzonen kein großes Wärmebedürfnis. Nachts genügen ihm leichte Decken. Ein warm zugedeckter Säugling dieser Art wird alles daransetzen, sich frei zu strampeln. Und jene Herren, die bei Zusammenkünften als erste sich ihrer Jacken entledigen, gehören gewiss zu diesem Typ. Sie lieben aber den warmen Schal, weil er dem wärmebedürftigen Hals Schutz gibt. Kinder und Frauen sollten bei sonst leichter Bekleidung immer ihr Becken warm halten, da die Neigung zu Blasen-, Nieren- und Unterleibserkrankungen in dieser Warmzone gegeben ist.

Die Schuhe haben Absätze, auch beim Mann. Der *Absatz* unterstützt beim Gehen das Hohlkreuz, lässt die Knie in lockerer Haltung und ermöglicht die bessere *Spitzenbetonung im Gang* dieses Typs. Auch das *Vorschieben des Beckens* ist damit erleichtert. Wir kennen diesen Gang als Mannequingang: Eine *andere Position bekommt die Wirbelsäule beim Stehen:* Statt Hohlkreuz haben wir einen *Rundrücken*. Das *Standbein* ist links.

Wie gut es ist, um diese Dinge zu wissen, mag an einem Fall demonstriert werden.

 Silke L., 11 Jahre, solarer Typ, bekam plötzlich eine Kyphoskoliose im Brustwirbelbereich[1]. Sie wurde auf Rat eines Orthopäden mit Massage und Glissonschlinge[2] behandelt. Sie schlief in Rückenlage. Nach einiger Zeit begann Silke zu hüsteln, grimassieren und ließ in der Schule sehr nach. Als sie mir mit diesen Beschwerden vorgestellt wurde, machte sie einen sehr elenden, verzweifelten Eindruck. Hüsteln und Grimassieren fielen sofort auf. Die Kyphoskoliose bestand nach wie vor. Wir ließen sie sofort mit der Glissonschlinge aufhören, denn durch das forcierte Durchbiegen der Halswirbelsäule nach hinten waren offensichtlich Hirnnerven gereizt worden und die Durchblutung des Kopfes verändert. Die Rückenmuskulatur war in der Rückenlage nicht entspannt, sondern angespannt worden und konnte sich somit nicht kräftigen. Silke erlernte die solare Übungsbehandlung und war davon so beglückt, dass sie sie völlig selbstständig machte. Sie wurde wieder fröhlich, Hüsteln und Grimassieren hörten auf und die Versetzung war gewährleistet. Aus familiären Gründen war sie danach zu den Großeltern in eine andere Stadt verzogen, wurde dort eingeschult und machte zur Freude der Eltern auch dort die Übungen gewissenhaft. Aber man hatte ihr empfohlen, den schweren Schulranzen immer auf dem Rücken zu tragen, was wiederum die obere Brustwirbelsäule und Halswirbelsäule nach hinten riss, so dass das alte Leiden sich allmählich wieder einstellte. Nach Aufklärung der Dinge ließ sich der Schaden diesmal aber schnell wieder beheben. Die beim Kopfschüt-

---

[1] Buckelbildung bei gleichzeitiger seitlicher Rückgratverkrümmung
[2] Kopf- und Schultergurt zur Streckung der Wirbelsäule

teln zunächst geklagten Kopfschmerzen verschwanden bald wieder. Es ist also auch das Tragen der Schultaschen auf dem Rücken nicht schablonenhaft anzuwenden. ☀

Das Stehen auf dem *Standbein links,* mit dem leicht nach vorn gebeugten Oberkörper fällt leicht, was zum Beispiel wichtig ist für Diplomaten bei dem langen Stehen bei Empfängen oder für Operateure dieses Typs, die mit angespanntem Vornübergebeugtsein stundenlanges Stehen aushalten müssen. (Dies ist für den lunaren Typ oft sehr belastend, Krampfadern und schnellere Ermüdung zeigen dies.) Indessen ist der „Stehtyp", wie wir ihn mit Frau *Schäfer-Schulmeyer* [14] nennen wollen, günstig ausgestattet, wenn er einen feinknochigen, schmalen Körperbau hat, wie wir ihn beim Astheniker finden, dabei mit kräftigem Becken. Ein schmaler Brustkorb begünstigt die für den Stehtyp so wichtige *Ausatmung.*

 Ein Patient solaren Typs wurde mit 40 Jahren Vollrentner, weil er durch Asthma bronchiale bereits ein Emphysem hatte. Dieser Mann hatte einen enorm breiten Brustkorb und wurde zusätzlich ständig mit Inhalationstherapie behandelt. Um das Maß voll zu machen, schlief er auch noch in Rückenlage. Ich konnte ihm an Hand von Bauchlage und Ausatemübung schnell beweisen, wo anzusetzen wäre, aber er war zu sehr in der Mühle von Vertrauensärzten und Rententrägern, um subjektiv noch ein Interesse an Heilung zu haben. So behandelte ich nur seine Kinder. ☀

Im Sport sei in erster Linie das Brustschwimmen mit der verlängerten Ausatmung genannt, die sich auch beim Tauchen günstig erweist. Beim Bergsteigen wirkt sich die Ausatmung günstig aus, auch ist die Elastizität der Gelenke ein erleichternder Faktor beim Aufstieg. Abwärts zu gehen fällt diesem Typ mit der starken Beanspruchung der Unterschenkel schwerer. Skilaufen ist sehr beliebt. Einmal wegen des Aufenthaltes in Höhen, ferner wegen der Möglichkeit, die Gelenke in ihrer ganzen Beweglichkeit zu beweisen.

Sportphysiologisch wäre es von größtem Interesse, Fragen dieser Art nachzugehen und zu typisieren, in welchem Sport sich der einzelne dauerhaft bewähren kann. Warum zum Beispiel liegt dem *solaren* Typ der Hochsprung und dem *lunaren* der Weitsprung?

Nach dem vorher Gesagten würde man viele neue Erkenntnisse sammeln können. Ich denke auch an Reiter und an Pferde, die möglichst vom gleichen Typ geritten werden sollten.

---

[3] Lungenblähung

Es gibt so manchen Hochleistungssportler, der sich gesundheitlich überfordert, nach unseren Erfahrungen immer dann, wenn er nicht die richtige Sportart gewählt hat.

Zusammenfassend sei festgehalten:

Der *solare* Typ ist Ausatmer = Sonnentyp = Stehtyp = Statischer Typ.

Er liegt auf dem Bauch, hat immer ein Hohlkreuz, außer im Stehen, und geht mit aufrechtem Oberkörper mit großen, ruhigen, schreitenden Schritten. Seine Kraftseite ist links. Er sitzt mit leicht nach vorn gebeugtem Oberkörper, die Beine werden unter dem Stuhl angewinkelt und an die Stuhlbeine angelehnt. Er hockt auf dem Vorderfuß mit Spitzenbetonung.

In den beiden folgenden Kapiteln will ich nur die Kurzfassungen der Übungen schildern, die eigens für jeden Typ erarbeitet sind, weil sie die jeweils richtige Atmung verlangen und unterstützen und dadurch eine unerhörte Wirksamkeit haben, vor allem zur Prophylaxe oder Heilung kranker Situationen oder auch zur allgemeinen körperlichen Kräftigung. Es gibt keine andere Form der Körperertüchtigung, die in so kurzer Zeit Gleiches leisten kann. Das Finden der individuellen Atemform mit der daraus resultierenden Entspannung und Durchblutung ist eine schnell empfundene Wohltat. Eine in der Terlusollogie ausgebildete Person ist zum Erlernen der Übungen unbedingt erforderlich, deshalb sind die Übungen hier nur in einer Kurzfassung als Gedächtnisstütze beschrieben. Eine ausführliche Darstellung einschließlich Abbildungen ist im Buch „Grundlagen der Terlusollogie" [18] enthalten und dort nachzulesen.

9 Gemeinsamkeiten der Übungen

Sämtliche Übungen entstammen im Prinzip den genialen Gedankengängen von *Erich Wilk* [17]. **Sie sind nur unter Anleitung von geschulten Kräften erlernbar und müssen individuell angepasst werden.**

Wir unterscheiden scharf zwischen den Übungen für den *lunaren Einatemtyp* und für den *solaren Ausatemtyp.* Nach einleitender Atemübung des jeweiligen Atemtyps folgen bei beiden Übungsreihen 10 Doppelübungen. Die ersten vier werden im Liegen gemacht: Füße, Unterschenkel, Oberschenkel, Becken. Die übrigen sechs in Sitzhaltung: Fäuste, Unterarme, Oberarme, Oberkörper, Hals und Kopf. Jede Übung besteht aus zwei Teilen, die zusammengehören:

1. Teil: *Funktionsübungen* mit Stimulation von Muskeln und Nerven des betreffenden Körperteiles: Hierbei ist die typenrichtige Atmung garantiert. Bei jeder Übung wird ein Gelenk beansprucht und motiviert.

2. Teil: *Positionsübung* in forcierter Atemhaltung. Hierbei wird der zuvor eingeübte Körperteil besonders gehalten, um eine optimale Durchblutung dieses Teils zu erreichen.

Bei beiden Übungsserien handelt es sich um den Wechsel von Spannung und Entspannung einer jeweils bevorzugten Muskelgruppe bei typenrichtiger Atmung, was insgesamt zur Entspannung des Körpers führt.

Bei beiden Übungsserien wird am Fuß begonnen und mit dem Kopf aufgehört, so dass die Durchströmung und Lockerung des gesamten Körpers erreicht werden wird.

Beide Übungsserien haben die bestmögliche Entspannungs- und Anspannungsmöglichkeit, wie es in kürzester Zeit keine andere gymnastische Therapie ermöglicht.

Beide Übungsreihen können sowohl zu hoher Leistungssteigerung führen oder auch zu völliger Entspannung und Schlaf – je nach gewünschtem Ziel.

Beide Übungsserien können zu jeder Zeit und in jeder Situation gemacht werden. Nach Erlernung benötigen sie an Zeit jeweils 10–20 Minuten. Die Lernzeit ist verschieden, je nach Schwere der Schädigung, nach Körpergefühl oder Gedächtnis. Einige benötigen drei, andere 10 Sitzungen und mehr. Wichtig ist immer eine Nachkontrolle zur Vermeidung sich einschleichender Fehler, die selbst schwer zu bemerken sind.

Beide Übungsserien verlangen größte Korrektheit in der Ausführung. Sie sind streng an die typenrichtige Atmung gebunden und dürfen nie vertausch werden. Beide Serien lassen Variationen zu, wie im Kapitel 12 „Variationen" beschrieben.

Beide Serien geben eine nie gefühlte körperliche und seelische Auffrischung. Sie sind für jedes Alter anwendbar; sie können Heilungen unterstützen; sie können aber auch allein manches Leiden heilen.

Die große Wirksamkeit der Übungen zeigt sich oft in anfangs starken Reaktionen, meist nach der 2. und 3. Sitzung. Diese Reaktionen können fieberhaft sein, Ausschläge sich verstärken, große Mattigkeit kann empfunden werden. Es gehört die Unbeirrbarkeit des Therapeuten dazu, bis zur nächsten Sitzung zu überzeugen; dann stellt sich plötzlich das Wohlbefinden ein. Es können sich auch Schmerzen einstellen, die wir aber als „heilsame Schmerzen" ansehen müssen – nämlich dort, wo etwas nicht in Ordnung ist, z. B. ein vor Jahren geschädigtes Gelenk oder eine bislang nicht bekannte Gastritis. Ja, oft pflegt der Körper Dinge abzustoßen, die nicht reparierbar sind, sagen wir einen schlechten Zahn oder eine Drüse usw. Was die Übungen nicht oder schwer beseitigen können, sind körperfremde Situationen nach Operationen. Der Körper ist in einen unnatürlichen Zustand gebracht. Es muss dann genügen, die Gesamtsituation des Körpers in eine bestmögliche Verfassung zu bringen. Alle Übungen werden mit geöffneten Augen gemacht (nicht meditativ).

10 Übungen für den lunaren Typ (Kurzfassung)

Wir unterscheiden bei den Übungen grundsätzlich zwei Teile. Der erste Teil, der sich aus den sogenannten Funktionsübungen zusammensetzt, dient mit seinen Anspannungen und Entspannungen der Aktivierung von Nerven und Muskeln und den dazugehörigen Gelenken der jeweils angesprochenen Muskelgruppe. Der zweite Teil, als Positionsübung bezeichnet, ist die in ruhiger Anspannung gehaltene Position derselben Gruppe, um eine möglichst anhaltende Durchblutung zu bekommen. Die dann folgende Entspannung ist die Erholungsphase. Funktionsübungen werden 8- bis 10-mal wiederholt, Positionsübungen etwa 20 Sekunden lang durchgeführt.

Beim *lunaren* Typ ist das Grundprinzip in der *Dehnung der Warmzonen* Hinterkopf, Oberkörper und Extremitäten zu suchen und in der auf Verengung oder Zusammenziehung gerichteten Wirkung auf die Kaltzonen Vorderkopf, Hals und Becken. Wir bekommen dadurch ein gutes Gefälle im Blutkreislauf. Durch eine optimale Dehnung des Brustkorbes erzielen wir einen besseren Zustrom zum Herzen, zu den Lungen und Gefäßen. Das aus dem Herzen ausströmende Blut wird abhängen von der Fülle des einströmenden Blutes. Ebenso ist das Gehirn abhängig von der zuströmenden Blutmenge, und eine Gefäßerweiterung muss angestrebt werden. Ihr folgt sekundär die Gefäßverengung. Bei kreislaufschwachen Menschen dieses Typs ist die Dehnung des Brustkorbes erschwert, sei es durch einen schmalen asthenischen Brustkorb, durch organische Herzschwäche, eine falsche Atemtechnik oder durch psychisch bedingte Verspannung der Atemmuskulatur.

Atmung

Funktionsübung: Rückenlage, Arme seitlich gestreckt, Füße locker. 10-mal aktiv tief einatmen, Leib einziehen. Luft nicht ausblasen, sondern passiv geräuschlos entweichen lassen. Sofort wieder aktiv einatmen. Einatmung ist länger als das Herauslassen der Luft.

Positionsübung: Tiefe aktive Einatmung, Halten der Luft so lange es geht, eventuell einmal kurzes Nachziehen der Luft.

20 Sekunden in Positionsübung bleiben: Gilt für alle Positionsübungen.

---

[1] von schmalem, schlanken Körperbau

Beispiel: Frau R. hatte diese Übungen wegen schwerer allgemeiner Erschöpfung erlernt und war in sehr guter Verfassung aus der Behandlung zur eigenen Weiterbehandlung entlassen. Nach einigen Monaten kam sie verzweifelt zurück, weil sie sich wieder sehr elend fühlte trotz der Übungen. Es stellte sich heraus, dass sie nach jeder Einatmung trotz aller Warnungen kräftig auspustete. Nach Beseitigung dieses Fehlers ging es ihr sofort wieder gut, und das blieb.

Füße

Funktionsübung: Locker, weder nach unten noch nach oben gespannt. Kräftiges Anziehen des linken Fußes von Fußsohlenmitte aus zur Beugung, Fußrücken gegen Schienbein. Dann Fuß passiv zurückfallen lassen. Abwechselnd links und rechts je 10-mal. Die Zehen dabei in gestreckter Haltung.

Positionsübung: Beide Füße langsam anziehen und in tiefer Einatmung möglichst lange angezogen halten, Zehen dabei locker, dann loslassen der Füße.

Unterschenkel

Funktionsübung: Anziehen des Unterschenkels in ruhigem Zug, bis Hacken in Höhe der anderen Wadenmitte. Hochschlagen des Unterschenkels aus dem Knie, so dass das ganze Bein eine Gerade bildet im Winkel von 45 Grad zur Unterlage. Nach der aktiven Streckung passives Fallenlassen des ganzen Beines. Links und rechts abwechselnd ca. 10-mal.

Positionsübung: Beide Knie durchdrücken und beide Beine bis zirka 45 Grad hochheben und in tiefer Einatmung halten. Dann Beine fallen lassen, gleichzeitig Einatmung loslassen.

Oberschenkel

Funktionsübung: Oberschenkel an den Bauch anziehen, Unterschenkel locker hängen lassen. Füße in Rückwärtshaltung bringen, so dass die Fußsohle als Führungslinie zum energischen Vorwärtsstoßen des Oberschenkels bis zur Streckhaltung des ganzen Beines wirkt, dann das Bein kraftlos fallen lassen. Links und rechts etwa 10-mal.

Positionsübung: Oberschenkel an den Unterleib pressen, so dass Lenden- und Kreuzbeinwirbelsäule gerundet werden. Unterschenkel und Füße hängen locker. Tiefe Einatmung und möglichst langes Verharren. Dann gleichzeitiges Loslassen von Atmung und Fallenlassen der Beine.

Becken

Funktionsübung: Kippen des Beckens vom Kreuz aus, das Schambein macht eine Aufwärtsbewegung. Passives Fallenlassen. Der übrige Körper (Thorax und Oberschenkel) bleibt in entspannter Haltung. Etwa 10-mal.

Positionsübung: Hochhalten des gekippten Beckens in tiefer Einatmung. Füße sind nach oben gezogen. Nach ca. 20 Sekunden Verharrens passives Fallenlassen des Beckens.

 Beispiel: Eine Sportlehrerin, Frau ST., litt nach der Geburt ihres zweiten Kindes an Angstzuständen. Sie konnte nicht allein sein, wagte sich nicht ohne Begleitung auf die Straße. Als sie nach längerem Leiden zur Behandlung kam, war es interessant, mit ihr das Vordringen des Blutstromes von den Füßen bis zum Kopf und die damit verbundene Erwärmung genau feststellen zu können. Als sie nach etwa drei Wochen Übungsbehandlung Wärme im Hinterkopf verspürte, war auch das Leiden beseitigt. Von da an waren Wohlbefinden und Leistungsfähigkeit wieder da, und Erscheinungen einer „Phobie" traten nie wieder auf.

Sitzhaltung

Die nachfolgenden 6 Übungen werden im Sitzen gemacht. Sitzhaltung mit leicht rundem Rücken am Übergang Becken zum Oberkörper bei gestreckten Beinen. Arme liegen locker auf der Unterlage. Kopf ist horizontal nach vorn gehalten.

Faust

Funktionsübung: Hände zur Faust geschlossen, Daumen innen, Handgelenk gerade, ohne Knick. Oberarme locker seitlich hängend, Unterarme in 90 Grad angewinkelt. Stoß mit linker Faust nach vorn und leichter Beugung des Handgelenks, Unterarm mitreißend bis Arm in Streckhaltung, dann passives Zurückpendeln des Unterarmes in Ausgangsstellung. Links und rechts abwechselnd 10-mal.

Positionsübung:. Beide Arme in gestreckter Spreizhaltung nach vorn halten, Hände zur Mitte hin gebogen, Finger und Handflächen maximal gespreizt. In tiefer Einatmung etwa 20 Sekunden halten, dann passives Fallenlassen der Arme und Entweichen der Atmung.

Unterarm

Funktionsübung: Oberarme liegen ruhig am Körper. Unterarm wird mit hängender Hand am Brustkorb nach oben geführt, im Ellenbogen gedreht, bis Handfläche nach vorn zeigt, dann wird der Unterarm seitlich weggeschleudert bis zur vollen Streckung des Armes. Oberarm wird passiv mitgerissen. Danach fällt der ganze Arm locker auf die Unterlage. Links und rechts 10-mal.

Positionsübung: Beide Arme gestreckt nach vorn halten mit gefalteten Händen. Handgelenk nach der Mitte gebogen, Ellbogen gestreckt. In tiefer Einatmung etwa 20 Sekunden halten. Passiv die Arme fallen lassen.

Oberarme

Funktionsübung: Unterarm anheben, bis Handfläche nach vorn zeigt. Zurückführen der Schulter nach hinten ohne Anheben der Schulter (Kugelstoßen), Kopf bleibt geradeaus gerichtet. Dann kraftvolles Vorstoßen des Armes bis zur Streckung mit Drehung des Schultergelenkes. Ist der Arm durchgestreckt, lockeres Fallenlassen. Die andere Seite ist bei der Übung in entspannter Haltung. Links und rechts 10-mal.

Positionsübung: Hände auf dem Rücken falten, dann beide Arme in Streckhaltung hochheben bis in Schulterhöhe. Zusammenpressen der Schulterblätter. Kopf hochhalten. Eine tiefe Einatmung unterstützt die oft schwere Übung und dehnt die Lungen. Nach 20 Sekunden in tiefer Einatmung Arme fallen lassen und Atem passiv entweichen lassen.

 Beispiel: Zwei ältere Patientinnen hatten sich monatelang mit starken Schmerzen gequält und sahen trotz vielseitiger therapeutischer Maßnahmen bis hin zu Cortison keine Besserung ihrer Beschwerden, bis ich die Behandlung mit den Übungen übernahm und in etwa 14 Tagen Beschwerdefreiheit erzielte und mit weiterer Übung und typenrichtiger Arbeitsweise schließlich Heilung.

Oberkörper

Funktionsübung: Oberkörper bis 45 Grad nach hinten neigen, Kopf Blickrichtung zur Decke. In tiefer Einatmung und mit einem Schwung nach links wird der Oberkörper in kreisender Bewegung ohne Berührung der Unterlage nach rechts gedreht zurück zur Ausgangslage. Nach 10-maligem Rückwärtskreisen entspannendes Fallenlassen des Oberkörpers.

Positionsübung: Oberkörper bis 45 Grad nach hinten legen mit Blick zur Decke (Fixierung eines Punktes) und in tiefer Einatmung möglichst lange so halten. Dann entspanntes Fallenlassen in Rückenlage.

Hals

Funktionsübung: Aus der Horizontalhaltung des Kopfes heraus Hals locker nach hinten schlagen und passiv zurückschnellen lassen. Der Kopf folgt dem Hals passiv. Schultern ruhig und locker halten. Ca. 10-mal.

Positionsübung: Kopf fest nach hinten an Halswirbelsäule pressen in tiefer Einatmung. Möglichst lange Haltung. Danach wieder Normalhaltung des Halses mit Kopfhaltung in Geradeausrichtung.

Kopf

Funktionsübung: Zunächst Kopf locker nach hinten hängen lassen. Dann Beginn mit kleinen Schüttelbewegungen, die nur vom Kopf ausgehen dürfen. Allmähliches größer werden der Schwünge, dann wieder kurze kleine Schwünge im Wechsel. Mit großen Schwüngen langsam auspendeln. Kopf muss immer locker nach hinten hängen. Schütteln nur so weit, wie Kopf mitmacht. Dieser hört bei Überforderung allein auf und ist nicht mehr bewegbar.

Positionsübung: Kopf locker während tiefer Einatmung nach hinten hängen lassen. Dann mit hängendem Kopf in Rückenlage fallen lassen und die Atemluft passiv entweichen lassen.

 Beispiel: Der Wert der Kopfübungen ist außerordentlich: Frau B., geb. 31.01.1913, litt seit Jahren unter schwersten Schlafstörungen, die sich durch Überforderung immer mehr steigerten, so dass nur 2-3 Stunden Schlaf blieben. In acht Tagen erlernte sie unsere Übungen, und seither sind diese ihr Schlafmittel.

11 Übungen für den solaren Typ (Kurzfassung)

Die Einteilung der Übungen in Funktions- und Positionsübungen ist dieselbe wie bei den Übungen für den lunaren Typ. Der oft erwähnte 45-Grad-Winkel spielt auch hier eine Rolle, weil dieser Winkel die entspannteste Haltung zwischen Streckung und Beugung sein kann, bzw. Strecker und Beuger sind in der gleichen Anspannung. Das gibt die bequemste Ausgangshaltung für aktives Geschehen. Es geht bei diesem Typ um die bestmögliche *Ausatmung.*

Beginnen wir mit der richtigen Kopfhaltung, die für das Gesamtbefinden dieses Typs von ausschlaggebender Bedeutung ist. Sie ist leicht nach vorn gebeugt, so dass das Kinn unter der Horizontallinie ist. Dabei hat die Halswirbelsäule eine leichte Dorsalkrümmung , die im Lenden-Kreuz-Bereich ihre lordotische (Krümmung nach innen) Gegenkrümmung hat (Hohlkreuz).

Der Patient wird zunächst in Bauchlage gelegt, was manchem zunächst gar nicht leicht fällt. Der Kopf liegt auf der linken Wange, die Oberarme liegen angewinkelt seitwärts und die Unterarme abgewinkelt nach oben, wie wir es oft beim Säugling sehen. Die Hände sind entspannt zu einer Faust gelegt, die Füße gestreckt und in leichter Abduktion (Fußspitzen nach außengerichtet). Diese Haltung hat zur Voraussetzung, dass der Betreffende sich entspannen kann, sonst wird er sich innerlich gegen diese Lage sträuben (Ausdruck einer Lebenshaltung mit Ängstlichkeit, mangelndem Selbstvertrauen oder einer Verspannung auf Grund falscher Selbsteinschätzung durch zu starke Ichbetonung). Unter den Unterschenkeln liegt ein Kissen, damit die Kniegelenke aus ihrer gestreckten Haltung in eine leichte Beugeposition kommen.

Atmung

Funktionsübung: Bauchlage, Arme seitlich angewinkelt, Kopf liegt auf der linken Wange, Füße nach außen gestreckt. Kissen unter die Unterschenkel legen, 8-mal durch die Nase aktiv gut hörbar ausatmen. (Am Anfang ist es oft leichter, über den geöffneten Mund auszuatmen.) Am Ende der Ausatmung kurze Pause, dann passiv Luft einströmen lassen, um sofort wieder in die Ausatmung überzugehen.

---

[1] zum Rücken zeigend, rückwärts

Positionsübung: Gut hörbar durch Nase ausatmen, Luft möglichst lange (20 Sekunden) draußen lassen.

Füße

Funktionsübung: In Bauchlage Unterschenkel etwa 45 Grad anziehen, dann einzeln rechts beginnend jeden Fuß von den Zehenspitzen her zur Streckhaltung anziehen, passiv langsam gleichmäßig zurückführen, 8- bis 10-mal.

Positionsübung: Während der Ausatmung und dann in der Ausatempause beide Füße 20 Sekunden angezogen halten, Zehen locker gestreckt. Dann Unterschenkel zurücklegen.

Unterschenkel

Funktionsübung: Rechten und linken Unterschenkel im Wechsel. Bei locker gestrecktem Fuß Unterschenkel an den Oberschenkel schlagen, dann ruhig gleichmäßig passiv zurücklegen, 8- bis 10-mal.

Positionsübung: Beide Unterschenkel anziehen und in Ausatmung an Oberschenkel 20 Sekunden gepresst halten. Danach ruhig zurücklegen.

Oberschenkel

Funktionsübung: Zunächst beide Unterschenkel um 45 Grad beugen (Ausgangsposition), Hochreißen des gesamten Oberschenkels aus der Hüfte heraus, danach ruhiges beherrschtes Zurücklegen. Rechts beginnend im Wechsel 8- bis 10-mal.

Positionsübung: In die Ausgangsposition gehen, Hochdrücken beider Beine in Ausatmung für 20 Sekunden, danach ruhig zurücklegen.

Becken

Funktionsübung: Becken wird ruckartig nach oben in Richtung Oberkörper gekippt, Beine und Oberkörper bleiben auf der Unterlage, 8- bis 10-mal.

Positionsübung: Bei kräftiger Ausatmung Becken nach oben in Richtung Oberkörper kippen und halten. Beine und Oberkörper bleiben auf der Unterlage.

Beispiel: Frau Astrid L. litt jahrelang unter kalten Füßen, schwersten Obstipationen und Übelkeit, vergesellschaftet mit Unterleibsbeschwerden. Sie war nicht in der Lage zu arbeiten und lag in einem elenden Zustand im Bett. Zunächst war es ihr völlig unmöglich, ein Gefühl für das Anheben der Beine zu bekommen, und das Becken zu heben war ausgeschlossen. Wir begannen die Behandlung am 17.2. Am 18.3. fühlte sie sich sehr wohl. Sie wurde so gesund, dass sie später eine Pension aufmachte und die Ernährung der Familie übernahm. Gelegentliche Übungskontrollen wurden gemacht. Medikamente gab es bei unserer Behandlung grundsätzlich keine. So geschah es, dass der zunächst viel gesündere Mann, der aber unsere Warnungen wegen des Rauchens nicht annahm, schließlich durch Herzinfarkt invalide wurde und die vorher jahrelang kränkelnde Frau eine ungeheuere Arbeitslast auf sich nahm.

Sitzhaltung

Die nachfolgenden Übungen werden in kniender Position gemacht. Der Patient sitzt auf seinen Unterschenkeln mit leicht nach vorn gebeugtem Oberkörper und leichtem Hohlkreuz, die Fersen berühren das Gesäß, Kinn unterhalb der Horizontalen.

Hand

Funktionsübung: Arme und Hände (Fäuste) vor dem Körper. Rechte Faust wird stoßhaft nach links geführt, unterhalb der Schulter bleibend und passiv zur Ausgangslage zurück, abwechselnd rechts und links, 8- bis 10-mal.

Positionsübung: Beide Fäuste werden seitlich während der Ausatmung und dann in Ausatempause für 20 Sekunden gehalten und mit Knick im Handgelenk nach oben gezogen, Ausatmung.

Unterarmübung

Funktionsübung: Der angewinkelte Unterarm wird an den locker gehaltenen Oberarm geschlagen, dann passiv und weich am Körper heruntergeführt und unter leichter Drehung im Ellenbogengelenk in die Ausgangslage gebracht. Rechts und links abwechselnd 8- bis 10-mal.

Positionsübung: Maximale Drehung der Unterarme im Ellenbogengelenk vor dem Körper, Daumen zeigen nach unten, Handinnenflächen nach außen, Ausatmung.

Oberarmübung

Funktionsübung: Oberarme hängen locker, Unterarme leicht angewinkelt (Haltung wie Gefangene zeigen), energisches Hochreißen des Oberarmes zum gleichseitigen Ohr, Unterarm über Mittelscheitel entlang des Haaransatzes in Richtung des anderen Ohres, dann langsam in Ausgangslage zurückführen, rechts und links im Wechsel 8- bis 10-mal.

 Beispiel: Frau B. bekam nachts so heftige Schmerzen, dass sie nicht fähig war, aufzustehen. Monatelange Bemühungen von Orthopäden, Internisten, Chirurgen brachten kaum Besserung, so dass sie sich endlich zu unserer Übungsbehandlung entschloss, die wir wegen der starken Schmerzen sehr behutsam aufbauten, Eispackungen erleichterten bei dem solaren Typ den Beginn. Nach 14 Tagen war die schmerzhafte Phase überwunden und bald war die volle Beweglichkeit wieder da. Die röntgenologisch festgestellten Abnutzungserscheinungen werden sich auch bessern, sofern die Patientin in Zukunft diesen Arm vor zu starker Belastung bewahrt. Im Anfang war die Bauchlage kaum möglich, da die rechte Schulter so verzogen war, dass sie abstand und nicht in entspannte Ruhelage zu bekommen war. Mit viel Ausatmung und zusätzlichen passiven Druck auf die Schulter gelang es allmählich, die richtige Lage zu erwirken. Wesentlich waren dabei möglichst lange Positionsübungen. Medikamente nahm die Patientin nicht, auch nicht das von ihr abgelehnte Cortison. Sehr wohltuend empfand sie die harte Schlagmassage der Schultergegend. Seit drei Jahren sind keine Beschwerden mehr in der Schulter aufgetreten.

Positionsübung: Rechten Arm über linken Arm legen, Fäuste ziehen die Arme zum Rücken, Zusammenpressen der Schultern, Ausatmung und 20 Sekunden verharren.

 Beispiel: Ein junger Medizinstudent besuchte mich kürzlich und wollte in diese Typenlehre eingewiesen werden. Er war mit 12 Jahren in meiner Behandlung, nachdem er schon seit Jahren an schwerem Asthma litt, im Rollstuhl in das Gymnasium gefahren und von einem Heilbad in das andere gebracht wurde. Er war überall auf Einatmung ausgerichtet worden, also auf eine seinem solaren Typ entgegengesetzte Atmung, die ihn immer kränker machte. Er wurde auf Ausatmung umgeschult und entspannt. Er fuhr nach einigen Wochen nahezu geheilt ab, arbeitete aber in dieser Weise weiter. Die Mutter schrieb nach einiger Zeit begeistert, dass er nun bereits Sport mitmachen könne. Er ist ein gesunder und begeisterter Sportler. Nun wollte er für seinen eigenen Lebensberuf in diese Lehre eingeführt werden.

Oberkörper

Funktionsübung: Aus der Sitzhaltung Oberkörper aktiv nach vorn fallen lassen (mit den Armen auffangen), Hochziehen aus Kreuz- und Lendenwirbelsäule zur aufrechten Sitzposition unter Ausatmung, 8- bis 10-mal.

Positionsübung: Oberkörper nach vorn fallen lassen und bei Ausatmung verharren (Gebetsstellung der Mohammedaner).

Hals

Funktionsübung: Kopf nach links drehen, dann plötzlich den Hals nach unten „schlagen", weiter locker entlang des Oberkörpers nach rechts drehen und Kinn langsam bis kurz unterhalb der Horizontalen anheben und Kopf wieder nach links drehen, 8- bis 10-mal.

Positionsübung: Unter Ausatmung Hals nach vorn und leicht nach unten ziehen, der Kopf folgt passiv, 20 Sekunden so verharren.

Kopf

Funktionsübung: Kopf locker hängen lassen, dann kurze, kleine, ruckartige hin und her Bewegungen des Kopfes, langsam übergehend zu großen, lockeren Schwüngen, dann wieder abrupt Übergang zu kleinen Schwüngen, abrupt aufhören.

Positionsübung: Lockeres Hängen lassen des Kopfes bei Ausatmung.

12 Variationen der Übungen

Beide Übungsreihen, die lunare wie die solaren, lassen sich auch im Stehen machen, wenn der Patient dazu körperlich in der Lage ist oder es aus räumlichen oder anderen Gründen sinnvoller ist. Dann beginnen die Übungen mit der Kopfübung, also in umgekehrter Reihenfolge. Die Kopf- und Halsübungen werden in gleicher Weise gemacht.

Die Oberkörperübung des *lunaren* Typs besteht in einer Rückwärtsneigung des Rumpfes mit Drehung in der Hüfte. Die Positionsübung ist ein Halten in Rückwärtsbeugung. Die Armübungen sind wieder die gleichen, die Beckenübung wird wie im Liegen auch im Stehen gemacht. Die Positionsübungen der Beine müssen im Stehen wie die Funktionsübungen einzeln gemacht werden. Bei der Fußhaltungsübung wird man sich zweckmäßig festhalten.

Bei den *solaren* Übungen wird der Oberkörper nach vorn fallen gelassen mit hängendem Kopf und hängenden Armen. Die Beckenübung ist ein Rückwärtsstoßen des Beckens. Für die Positionsübungen der Beine gilt dasselbe wie oben.

Im ganzen wird die Wirkung der Übungen nicht der im Liegen gleich sein, weil im Liegen der gesamte Körper besser entspannt ist. Sie sind also erst zu empfehlen, wenn die Entspannung bereits gekonnt wird. Aber trotz dieser Einschränkung sind auch die Übungen im Stehen Kraftspender.

Eine andere Variante besteht darin, dass Männer mit den Positionsübungen beginnen und dann die Funktionsübungen folgen lassen. Das Halten in der Position bedingt richtige Atmung und damit die starke Durchblutung, die kraftspendend wirkt. Die Körperkraft ist beim Mann wichtig. Die nachfolgende Funktionsübung bringt dann nervale und muskuläre Anregung bei verstärkter Kraft.

Schließlich lassen sich diese Übungen als *geistiges Training* in der Vorstellung machen. Die hierzu nötige Konzentration ist eine geistige Leistung und ein *Gegengewicht gegen allzu betonte körperliche Tätigkeit*. Die Augen werden geschlossen, die übliche Liegehaltung wird eingenommen und der Körper ist möglichst entspannt. Am wirkungsvollsten sind die Übungen in der Vorstellung im Anschluss an die realen Übungen. Nunmehr werden aber alle Übungen nur gedacht und nicht ausgeführt. Das wirkt außerordentlich beruhigend. Es ist ein Stimulans für geistige Tätigkeit und ein gutes Gedächtnistraining. Nach einem Tag voller körperlicher Anstrengung führt es in wenigen Minuten zum Schlaf. Oft kommt der Betreffende gar nicht dazu, alle Übungen zu durchdenken, sondern schläft bereits nach einigen ein. Dies kann Menschen, deren Tagesrhythmus gestört ist, ein Trost sein (vergleiche *Rensing* [13]). Es ist ein voller Ersatz für Schlafmittel, die zusätzliche Störfaktoren haben.

Auch individuelle Variationen der Übungen sind möglich und oft nötig, wenn sich besonders hartnäckige Störungen in bestimmten Gebieten zeigen. So kann man reale und vorgestellte Übungen gegebenenfalls kombinieren, wie ich an einem Fall erklären möchte.

T. litt seit 17 Jahren an Stumpfschmerzen am amputierten Arm. Alle Behandlungsarten einschließlich Akupunktur und Autogenes Training hatten nur kurzfristig Linderung gebracht. Beruflich und familiär (5 Kinder) war die Existenzbedrohung erreicht. Eine Übungsbehandlung wurde in meinem Haus unter ständiger Aufsicht durchgeführt. Dabei wurden die Armübungen, soweit sie den amputierten Arm betrafen, nur in der Vorstellung gemacht, aber in derselben Art und Intensität. Die Kombination gelang sehr gut. Es kam zu einer Aktivierung jener Gehirnzellen, die durch Nichtgebrauch von Arm und Hand jahrelang inaktiviert worden waren. Das ließ den Schmerz verschwinden. Der Patient tut bis heute seinen vollen Dienst und blieb jahrelang beschwerdefrei.

Die Konzentration auf eine Sache in der Vorstellung wird sehr gut von der Fliegerin *Hanna Reitsch* beschrieben. Sie erstaunte ihre Fluglehrer dadurch, dass sie die am Tag neu gelernten Griffe am nächsten Tag schon voll beherrschte, da sie vor dem Einschlafen jeden Griff in Gedanken geübt hatte. Die Wirkungen der Vorstellung sind gewiss eine altbekannte Sache, aber wenig ausgenutzt. Bei Säuglingen und Kleinkindern muss man sich darauf beschränken, die Übungen mit ihnen zu machen, das heißt, jede Bewegung wird geführt, bis die Kinder nach einiger Zeit beginnen, es selbstständig machen zu wollen oder können. Wie sehr die Kinder die Übungen beschäftigen, sieht man daran, dass sie es gern Erwachsenen zeigen wollen oder mit ihren Puppen üben. Das Wohlbefinden nach den Übungen spüren sie alle und sind darum auch bereit, diese zu machen. Sie fühlen sich vernachlässigt, wenn nicht mit ihnen geturnt wird.

So auch Stefan S., für den es die härteste Strafe bedeutete, wenn die Mutter nicht mit ihm übte. Er war ein Spastiker , und das Üben musste über lange Zeit geschehen.

Wie oft soll man die Übungen machen? Wenigstens einmal täglich sollte es jeder tun, bei dem sich die Notwendigkeit dazu erwiesen hat. Ältere Menschen können keine bessere Gesundheitsprophylaxe treiben. Im All-

---

[1] krankhafte Vermehrung der Muskelspannung

gemeinen ist die Häufigkeit des Übens abhängig vom Grad der körperlichen Schädigung und der geistigen und seelischen Notwendigkeit und muss vom Erfolg abhängig gemacht werden. Ein schwer Kreislaufgeschädigter wird im Beginn gut tun, dreimal zu üben, später zweimal, bis er so gebessert ist, dass er mit einem Mal auskommt. Das Gefühl für die Notwendigkeit bekommt man im sogenannten Körpergefühl. Dem sollte man nachgeben. Werden die Übungen gekonnt und sind individuelle Rücksichten nicht mehr notwendig, so kann man es als Therapeut wagen, einzelne gleiche Typen zusammen üben zu lassen, was der täglichen Energie etwas Flügel verleiht.

Man kann auch nach Musik üben lassen. Für den *lunaren* Typ hat sich der Tango als rhythmisch günstig erwiesen, während für den *solaren* Typ der drei viertel Takt des langsamen Walzers geeignet ist. Dabei kann man im Anschluss an die Übungen das typenrichtige Gehen üben. Bei dem *lunaren* Typ ist das alte Wanderlied „Muss i denn, muss i denn zum Städtele hinaus" mit seinem 4/4tel Takt gut, wobei der fersenbetonte Auftritt des Fußes im dritten Viertel erfolgt. Dem ruhigen Gang des *solaren* oder schreitenden Typs kann man die Melodie eines anderen deutschen Wanderliedes zugrunde legen, „Nun ade, Du mein lieb Heimatland". Dabei wird bei jeder Note ein Schritt getan mit leichtem Abrollen des Fußes zur Spitze hin. Die Melodie erleichtert das richtige Gehen lernen sehr, denn es beschwingt innerlich.

13 Seitendifferenzen lunar

Im Lehrbuch „Medizinische Physiologie" [5] finden wir im Kapitel über höhere Funktionen des Nervensystems einen Abschnitt über das Gesetz der zerebralen Dominanz wie folgt: „Es ist eine Tatsache, der manchmal die Bedeutung eines Gesetzes zugeschrieben wird, dass die intellektuellen Fähigkeiten mehr von der einen Hemisphäre (dominant) als von der anderen abhängen. Ausgedehnte Läsionen der nichtdominanten Hemisphäre z. B. erzeugen keine Aphasie . Für das Phänomen der Dominanz fehlt jede Erklärung. Bei Rechtshändern ist die linke Hemisphäre dominant, wobei die Dominanz mit dem höheren Grad von Geschicklichkeit im Gebrauch der rechten Hand, rechtem Fuß, rechtem Auge in Korrelation steht; bei 2/3 der Linkshänder jedoch ist ebenfalls die linke Hirnhälfte dominant. Bei Patienten mit Cerebralsklerose ist die zerebrale Minderleistung stärker mit einer verminderten O_2-Aufnahme der linken Gehirnhälfte als der rechten korreliert. Wird die dominante Hemisphäre – besonders in einem früheren Lebensabschnitt – zerstört, dann kann die andere allmählich – jedoch selten komplett – die intellektuellen Funktionen übernehmen."

Unsere Beobachtungen und Erfahrungen hinsichtlich der Verschiedenheit in der Funktionsweise beider Körperhälften bleiben auf diese Weise beschränkt, während sich die Aussagen von *Sperry* [15] auf Experimente mit Patienten stützen, die durch Balkentrennung wegen schwerer Epilepsie operativ behandelt wurden. Im „Mannheimer Forum" 77/78 stellte *Eccles* [4] in einem Aufsatz über „Hirn und Bewusstsein" eine Übersicht über die experimentell erfahrenen Unterschiede beider Hirnhälfte vor. Während er der dominanten Hirnhälfte eine Verbindung zum Bewusstsein zuspricht, hat nach seiner Meinung die andere untergeordnete Hirnhälfte keinen direkten Bezug zum Bewusstsein. An den sogenannten „Split-Brain"-Patienten, die aus oben genannten Gründen eine totale Balkendurchtrennung operativ erfahren haben, wurden die Verschiedenheiten beider Hemisphären experimentell durch *Sperry* [15] und Mitarbeiter nachgewiesen.

Eine Erklärung für diese Verschiedenheit vermag noch niemand zu geben. Die operierten Split-Brain-Patienten waren alle Rechtshänder und hatten

---

1 cerebrum = das Gehirn
2 Gehirnhälfte
3 Sprachstörung durch Erkrankung des zentralen Sprachapparates
4 Verkalkung der Gehirngefäße
5 Verbindung der linken und rechten Gehirnhälfte
6 Krampfleiden des Gehirns

das Sprachzentrum in der linken Hirnhälfte. Diese Seite ist für die Sprache zuständig. Sie ist die führende, die mehr exekutive und mehr aggressive Seite in der Beherrschung des motorischen Systems. Im Gegensatz dazu scheint die untergeordnete Hemisphäre sich der anderen anzupassen. Sprachlich war kein Kontakt mit ihr aufzunehmen, jedoch „accordingly, the nature and quality of the inner mental world of the silent right hemisphere remains relatively inaccessible to investigation requiring special testing measures with nonverbal forms of expression (entsprechend bleibt die Natur und Qualität der inneren geistigen Welt der ruhigen rechten Hemisphäre der Untersuchung verhältnismäßig unzugänglich und fordert spezielle Testmethoden mit nichtsprachlichen Formen des Ausdruckes)". [15] Während bei diesen Experimenten ein in seiner Funktion gestörtes Gehirn vorliegt, haben wir es bei unseren Beobachtungen ebenso wie in der Arbeit von *Schäfer-Schulmeyer* [14] mit intakten Gehirnen zu tun. Beobachtungen wie absolutes Sprachunverständnis auf der nicht-dominanten Seite sind normalerweise nicht festzustellen. Es hat den Anschein, dass zwar eine Arbeitsteilung besteht, aber beide Hemisphären sich durch Informationsaustausch ergänzen. Wir meinten, eine naturgegebene Verschiedenheit in der Arbeitsweise beider Hirnhälften zu erkennen, aber außerdem die jeweils *entgegengesetzten Verhältnisse* bei beiden Typen. Das bedeutet aber, dass es nicht nur eine dominante *linke* Hirnhälfte gibt, sondern auch eine dominante *rechte* Hirnhälfte. Unsere zivilisatorischen Einrichtungen sind weitgehend auf Rechtshändigkeit eingestellt. Die rechte Hirnhälfte, zuständig für künstlerisches Empfinden, Musikalität und schöpferische Begabung, würde vernachlässigt zugunsten der linken Hirnhälfte, die auf logisches, abstraktes und mathematisches Denken spezialisiert sei. Nach unseren Erfahrungen ist die starke Rechtsbetonung für jedermann ein besonderer Verstoß gegen die naturgegebene Anlage des *solaren* Typs, dessen Linkshändigkeit und Linksseitigkeit von früher Jugend an unterdrückt wird, wie ich in dem Kapitel über „Seitendifferenzen solar" schildere. Sein Sprachzentrum liegt rechts, seine dominante Hirnhälfte ist rechts und somit seine körperliche Kraftseite links, die untergeordnete Hirnhälfte ist links. Wie stark eine Umdressierung verändernd wirkt, müsste nach Kenntnis der Typen untersucht werden. Beim *rechtshändigen lunaren* Typ ist das Sprachzentrum links nachgewiesen und seine dominante Hirnhälfte links. Bei natürlicher Entwicklung ist diese Seite daher bei diesem Typ befähigter zu schwerer körperlicher Leistung, zu mehr Ausdauer und Geschicklichkeit. Die linke Körperhälfte führt, da sie von der untergeordneten Hirnhälfte gesteuert wird, ihre Tätigkeiten weitgehend als nur mittuend aus, sofern es sich nicht um emotionale und nichtsprachliche Impulse handelt. Schreiben als eine lang anhaltende und sprachlich abhängige Tätigkeit geschieht rechts. Kraftanstrengungen wie Schaufeln,

Graben, Tragen, langes Stehen müssen rechtsbetont getan werden, während kurze leichte Tätigkeiten wie Gestik links besser ausgeführt sind. Die Folgen falscher Verhaltensweise besonders am Arbeitsplatz sind Unbehagen bei der Arbeit, Leistungsminderung, schließlich Krankheit und organische Störungen. Beispiele dafür finden wir aus dem Erwachsenenbereich im Kapitel 11 „Übungen für den solaren Typ (Kurzfassung)" und bei *Schäfer-Schulmeyer* [14]. Kinder des *lunaren* Typs werden spontan die rechte Hand reichen. Verhalten sie sich anders oder werden umdressiert, so liegen offene oder verborgene Störungen vor oder sie entstehen.

Es ist also arbeitsphysiologisch wie erzieherisch von großer Bedeutung, keine Zwänge auf die Bevorzugung einer Seite auszuüben, solange man nicht durch Berechnung die Verhaltensweise typisiert hat.

„Usually both eyes work together with one eye dominating. You may be right-eyed just as you are right-handed (Gewöhnlich arbeiten beide Augen zusammen, wobei ein Auge führt. Du kannst rechtsäugig sein ebenso wie rechtshändig)", so schreibt *Joan Steen Wilerth* [16] in ihrem Buch „The Senses of Man (Die Sinne des Menschen)". Rechts- oder linksäugig testete sie, indem sie einen entfernten Gegenstand fixieren ließ, dann die Augen im Wechsel schließen. Wenn man rechtsäugig ist, so wird beim Schließen des rechten Auges der fixierte Gegenstand nach rechts abweichen, ist man linksäugig, dann bleibt beim Schließen des linken Auges der Gegenstand stationär.

Wir machten unsere Beobachtungen am deutlichsten an schielenden Kindern. Hält man einem *lunaren* Kind, das schielt, einen beweglichen Gegenstand an einem Faden hängend in etwa 20 cm Abstand vor die Augen, so wird man beobachten, dass sich zunächst nur das linke Auge in Fixation einstellt. Geht man mit dem Gegenstand langsam von dem Auge weg, so kehrt das linke Auge wieder in Schielstellung zurück, während das rechte Auge mit zunehmender Entfernung fixiert und die Bewegung in die Ferne verfolgt. Wie lange es dazu in der Lage ist, hängt von eventuellen Sehfehlern und der Konzentrationsfähigkeit ab. Kehrt man mit dem Gegenstand wieder näher an die Augen zurück, so wird an einem bestimmten Punkt das linke Auge beim Nahsehen wieder die Führung übernehmen. Beim Normalsichtigen geschieht dasselbe, nur nicht mit derselben Deutlichkeit wie beim schielenden Kind, das ohnehin noch völlig unbeeinflussbar ist. Auf dieser Tatsache kann man ein Augentraining aufbauen, da man diese sonst unbewusste Augenführung dem älteren Kind und Erwachsenen bewusst machen kann, so dass der Betreffende selbst angeben kann, welches Auge in Führung liegt. Bei dem *solaren* Typ führt beim Nahsehen das rechte Auge und beim Weitsehen das linke.

Außerdem erfolgt die Umschaltung von Weit auf Nah bei dem *solaren* Typ langsam, während sie bei dem *lunaren* Typ schnell erfolgt, und umgekehrt ist die Umschaltung von Nah- auf Weitsehen bei dem *solaren* Typ schnell, während der *lunare* Typ langsamer auf Weit umschaltet. Darin mag die schnellere Orientierungsmöglichkeit des *solaren* Typs seine Ursache haben. Stellt man Personen verschiedenen Typs zur gleichen Zeit in einen ihnen unbekannten Raum und lässt sie anschließend beschreiben, was sie gesehen haben, so wird nach kurzer Zeit der *lunare* Typ sagen können, was er vielleicht in der Mitte des Raumes wahrgenommen hat, sozusagen vordergründig, während der *solare* Typ in derselben Zeitspanne detaillierte Feststellungen im gesamten Raum gemacht hat. Bei Tatortbeschreibungen in der Kriminalistik zum Beispiel werden da Unterschiede sein. Die Augen liegen beim *solaren* Typ in der gut durchbluteten Warmzone. Das bedingt ganz allgemein ein schnelleres und besseres Sehen.

Die Tätigkeit der Ciliarmuskeln ist von verschiedenen Hirnhälften abhängig, ebenso wie Rechts-Links-Händigkeit. Das nasale Gesichtsfeld des *solaren* linken Weitauges wird von der nichtdominanten linken Hirnhälfte innerviert, das temporale von der dominanten rechten Hirnhälfte. Das rechte Nahauge wird temporal von der linken Hemisphäre und nasal von der dominanten rechten Hirnhälfte innerviert. Beim *lunaren* Typ würde die Dominanz der Hirnhälften umgekehrt sein. Wahrlich, eine komplizierte Sache.

Bislang haben wir nach der berechneten Zugehörigkeit in mehreren Fällen Weit- und Kurzsichtigkeit mit oder ohne Schielen mit Augenübungen behandelt, um Kindern und Jugendlichen das Tragen einer Brille zu ersparen.

 Karola P., geb. 28.2.1957, ein solarer Typ, war ein Jahr in der Sehschule einer Universitätsklinik wegen Schielens behandelt worden, jedoch ohne Erfolg. Wir behandelten das damals 5-jährige Kind mit allgemeiner Übungsbehandlung, um alle Verspannungen zu lösen. Dann begannen wir mit Augenübungen. Eine jährliche Kontrolle zeigte einen Dauererfolg.

„The reflex cution of the eye in response to light is determined by the parasymphathetic nervous system and emotional by the sympathetic system. (Die reflektorische Schließung des Auges in Antwort auf Licht wird ausgelöst durch das parasympathische Nervensystem und gefühlsmäßig durch das sympathische System.)" [16] Diese vom Willen unabhängigen Reaktionen des Auges lassen es zu, die Typenzugehörigkeit zu testen.

---

[7] Augenmuskeln

Auch die Ohren zeigen eine Seitenverschiedenheit, wie *Donald Broadbent* [2] berichtet. Dies entspricht auch unseren Beobachtungen, allerdings wieder kompliziert durch die Typenverschiedenheit. Da uns aber quantitativ die Erfahrung fehlt, möchte ich dazu keine Angaben machen. Immerhin ist auch dies interessant zu beobachten, wie ein schwerhöriger Mensch auf beiden Seiten für laute und leise Töne verschieden empfänglich ist. Auch hier wäre ein Hörtraining möglich, wie ich bei Kindern feststellte.

14 Seitendifferenzen solar

Die Arbeit von *Schäfer-Schulmeyer* „Über die Lateralitätsveranlagung beim Menschen als Naturgesetz und dessen phänomenale Auswirkungen durch einen hierdurch bedingten individuell gehenden Rhythmus" [14] basiert auf den gleichen Erkenntnissen wie unsere Erfahrungen. Die Autorin geht in ihrer Arbeit einen anderen Weg, indem sie die Lateralitätsveranlagung als Ursache für die Verschiedenartigkeit der Typen ansieht. Doch da wir nicht wissen, welches die eigentlichen Ursachen dieser Gegensätzlichkeit sind, so ist es müßig, um den Ansatzpunkt zu diskutieren. Jedes Naturgesetz und alle Auswirkungen sind wichtig und die Erforschung eine große Sache. *Hartmann* schreibt in seinem schon erwähnten Buch: „Wenn einsichtige Ärzte behaupten, im menschlichen Körper seien rechte und linke Seite polar verschieden und deshalb entsprechende therapeutische Maßnahmen angebracht, dann wird dies untermauert, wenn man im Georhythmogramm den Einfluss der rechten oder linken Hand eines Menschen sieht, die der Versuchsperson über die Epiphyse gehalten wird. Eindeutig und reproduzierbar treibt die Hand den Widerstand hoch, die andere erniedrigt ihn." [7] Zu diesem Vorgang vermag ich nicht Stellung zu nehmen, will es hier nur anführen. Von *Robert Ornstein* wird in einem Interview mit der amerikanischen Wochenzeitung „National Tattler" behauptet, dass die rechte Gehirnhälfte verkümmert durch fast ausschließliche Beanspruchung der rechten Seite in unserem Tun. (Durch Kreuzung der Nervenbahnen im Gehirn ergibt sich die zu geringe Aktivierung der rechten Gehirnhälfte.) Das gibt Anlass zum Nachdenken. Hiermit ist nur die Dressur auf Rechtshändigkeit angesprochen, nicht aber die als Typ mitbekommene Betonung der einen oder anderen Seite als Kraft- beziehungsweise als geistig führende Seite. Ich habe seit Jahren beobachtet, wie manche Kleinkinder beim Betreten des Sprechzimmers unbekümmert spontan die linke Hand reichen, und die Mutter augenblicks mahnt: „Gib das gute Händchen." Fast ausnahmslos handelte es sich um *solare* Typen, die ihrer Natur entsprechend als Linkshänder die linke Hand bevorzugten. Und so früh schon setzt in unserer zivilisierten und auf rechts eingestellten Welt die Umdressur ein. Unsere Aufstellung zeigt – ebenso wie die Feststellung von Frau *Schäfer-Schulmeyer* [14] – eine Aufschlüsselung der Typen in 50 % zu 50 % jeden Typs. Also 50 % wollen nach ihrer biologischen Veranlagung Linkshänder sein, werden aber daran gehindert. Sie kommen in die Schule und wurden bis vor kurzem an den meisten unserer Schulen

---

[1] Wachstumszone der langen Röhrenknochen an ihrem Ende

gezwungen, rechts zu schreiben. Die oft bösen Folgen zeigen sich erst in späteren Jahren.

 Mein Sohn bekam Tadel wegen seiner schlechten Schrift, die nicht zu seiner sonstigen manuellen Geschicklichkeit passte. Ich kannte damals die Typenlehre noch nicht und sah alles als eine Erziehungsfrage an. Es blieb aber nicht allein bei der schlechten Schrift, sondern mehr und mehr litt die Rechtschreibung, mehr als seiner normalen Begabung entsprach. Er ist heute Arzt, aber Schrift und Rechtschreibung zeigen noch Zeichen der damaligen Schwäche, die dem solaren Typ andressiert worden war. Seine erste Frau, gleichen Typs, lernte in Australien nach ihrem Belieben links schreiben mit Schräglage der Unterlage. Sie hat eine wohlausgeprägte Handschrift. Ein Großneffe gleichen Typs musste auch rechtshändig schreiben, was ebenfalls zu schlechter Schrift und Rechtschreibung führte. Die Lehrer zweifelten an seiner schulischen Entwicklung. Er wurde für sehr viel Geld psychologisch getestet, und man fand heraus, dass der schwarzgemalte Vater an allem schuld sei. Dieser war aber heiß geliebt und nur schwarz gemalt, weil er Pfarrer war und dem Jungen der Talar so imponierte. Wir behandelten ihn mit den Übungen, die ihn entspannten, und setzten ihn in der Schrift auf links um. Er kam in die Oberschule und wurde dort Schulsprecher.

In diesem Sinne ein besonders krasser Fall war der Gymnasiast Karsten E., geb. 26.5.1959, ein solarer Typ. Auch er musste rechts schreiben. In den oberen Klassen des Gymnasiums stellten sich so schwere Schreibstörungen ein, dass er schulisch nicht mehr mitkam, da er beim längeren Schreiben die Führung über die Hand verlor. Nachdem klinisch eine hirnorganische Schädigung ausgeschlossen war, wurde Karsten im Herbst 1970 in die Nervenklinik verlegt und dort ein Jahr psychotherapeutisch behandelt, dann sollte er in ein heilpädagogisches Heim verlegt werden. Als die Eltern dies nicht wollten, kamen sie zu mir. Es bedurfte großer Anstrengungen, den Jungen nach Hause zu bekommen, da die Fürsorgestellen ihn nicht frei geben wollten. Wir behandelten ihn mit den Entspannungsübungen, stellten ihn auch in Ernährung und Lebenshaltung auf seinen Typ um und schulten ihn im Schreiben auf Linkshändigkeit. Im Beginn unserer Behandlung am 9.9.1971, etwa ein Jahr nach Beginn der klinischen Behandlung, war folgendes festzustellen: Die Kopfhaltung war nach hinten geneigt, die Arme waren beim Anheben wie aus Eisen, die Füße in Bauchlage extrem nach innen rotiert. Die Fußübungen konnten von Karsten nicht gemacht werden aus völligem Mangel an Konzentrationsfähigkeit und Koordinationsmöglichkeit. So wurde die linke Ferse immer etwa 30 cm tiefer gehalten, ohne dass der Junge dies bemerken konnte. Die Impulse waren schwach. Körpergefühl fehlte vollständig. Seelisch war er resigniert und völlig entmutigt. Karsten gewann dann sehr schnell Zutrauen, die Schrift besserte sich zusehends. Die Schule wurde um Genehmigung zum Linksschreiben gebeten. Im Juli 1972 hatte er ein sehr gutes Zeugnis. In der Zukunft wurden die Übungen ab und zu kontrolliert. Jetzt ist er in Berufsausbildung mit normalem Verlauf.

56

15 Ratschläge zur typenrichtigen Krankenbehandlung

Im Studium wurden wir von einem Professor überrascht mit der Frage: „Was geschieht, wenn ein Patient das verschriebene Medikament nicht einnimmt, sondern es ins Klosett wirft?" Die Antwort eines Studenten: „Er wird trotzdem gesund" trug ihm höchstes Lob ein. Diese kleine Anekdote soll die Tatsache unterstreichen, dass mehr Medikamente verordnet werden als notwendig. Wie aber kommt es ohne Medikamente zur Heilung, welche Kräfte im Körper bringen Heilung? Wie kann man diese Kräfte stärken und nutzbringend einsetzen und ausnutzen? Was aber hindert den nutzbringenden Einsatz dieser Kräfte? Was fördert den Medikamentenmissbrauch?

Mangelndes Körpergefühl, Bequemlichkeit, Fehlpropaganda, Ahnungslosigkeit vor den möglichen Nebenwirkungen mancher Medikamente, psychische Verspannung mit mangelndem Vertrauen auf die Gesundheit, Zeitmangel, Stresssituationen lassen eine Tablette schneller einnehmen. Die Verschiedenartigkeit der Reaktion auf Medikamente hat manches Mal eine längere, intensivere oder gar vergebliche Behandlung zur Folge. Unterschiedlich ist zudem auch die Reaktion auf physikalische Behandlungen. Alle diese in der Medizin wohlbekannten Faktoren veranlassen mich, meine Erfahrungen mit der Typenlehre auf dem Gebiet der Krankheiten mitzuteilen, um vorstehende Schwierigkeiten meistern zu helfen durch eindrucksvolle individuelle Möglichkeiten in Prophylaxe und Behandlung. Manches Medikament könnte gespart werden und mancher Umweg vermieden. Es geht nicht darum, dem allgemeinen medizinischen Wissen ein Besserwissen entgegenzusetzen, sondern um nachprüfbare Wege aufzuzeigen, die durch die Berücksichtigung der Typenverschiedenheit schneller und sicherer zum Ziel führen können. Oft kann auch da noch Hilfe gebracht werden, wo nach medizinischem Dafürhalten nichts mehr zu machen ist. Die Ansprechbarkeit des Körpers auf typenrichtiges Verhalten ist ungewöhnlich groß, so dass die Erfolge oft ans Wunderbare zu grenzen scheinen.

Beginnen wir mit den Atmungsorganen des *lunaren* Typs. Eine der erregenden Situationen für Eltern und Arzt ist der kindliche „Pseudokrupp" – Kehlkopfkrupp (Laryngitis ac.). Meist werden diese Kinder bereits im Beginn der Erkrankung mit Blaulicht in die Klinik gefahren zu entsprechender Therapie bis hin zum Luftröhrenschnitt (Tracheotomie). Gelang es, Kinder und Eltern zu beruhigen, ohne den Ernst der Lage herunterzuspielen, so kam ich in nahezu allen Fällen mit folgender Therapie aus: Die *lunaren* Kinder wurden in die sie entspannende flache Rückenlage gebracht, auf den Kehlkopf wurden Eispackungen gelegt und gleichzeitig etwas Heißes zu trinken gegeben. Die Eispackung wirkt in der Kaltzone dieses Typs sehr schnell entzündungshemmend. Der bei vielen, mir meist unbekannten Kurgastkindern einsetzende Ablauf von erstem Husten, Angst vor Klinik, Spasmus, Angst der Eltern, Luftnot und schließlich Einweisung in die Klinik entstand nicht. Damit war das Spiel gewonnen, die Verkrampfungen lösten sich.

Bei dem *solaren* Typ wurden die Kinder in die sie entspannende Bauchlage gelegt. Der Kehlkopf bekam feucht-warme Wickel und feucht-warme Inhalationen mit Kamillendampf. Dies ließ sich sogar in den Hotelbetten machen, wenn man mit Hilfe eines Regenschirmes und Lakens ein Zelt über das Kind baute, in das man einen Kocher mit Kamillendampf hineindampfen ließ. Die seltsam faszinierende Attraktion eines Regenschirmes bewährte sich als zusätzliches Beruhigungsmittel. Calcium-Gaben, milde Sedativa und ein krampflösender Hustensaft, vielleicht auch in fieberhaften Fällen ein Antibiotikum ersparten in fast allen Fällen eine Klinikeinweisung. Es sei an dieser Stelle ausdrücklich betont, dass ein *diphtherischer* Krupp sofort in die Klinik gehört.

Bei der *Bronchitis* des *lunaren Typs* ist der feucht-warme Brustwickel das Mittel der Wahl, da der Brustraum sich durch die feuchte Wärme optimal dehnt. Bei chronischer und spastischer Bronchitis sollten zweimal täglich Einatemübungen gemacht werden. Wesentlich natürlich die Rückenlage. Gefäßerweiternde Mittel erleichtern die Heilung.

Bei dem *solaren* Typ ist die Bauchlage das Wesentliche und kräftiges Abklatschen eventuell mit kaltem Tuch des Brustkorbes von unten nach oben. Bei Pneumoniegefahr wirkt der Senfwickel gut. Außerdem wird man zur forcierten Ausatmung anhalten. Die Luft wird trocken gehalten. Gefäßverengende Mittel erleichtern die Ausatmung.

Asthma

 Anlässlich eines Vortrages brachten Eltern ihr solares, gänzlich verängstigtes 4-jähriges Kind mit Asthma mit. Es hatte gerade die Entfernung der Rachenmandel hinter sich und seit Jahren keine Nacht durchgeschlafen. Ich führte es in den voll-

---

1 Beruhigungsmittel
2 Infektionskrankheit mit bellendem Husten
3 Entzündung der Luftwege

besetzten Saal, klopfte ihm den Rücken (Verengungszone des Solaren) mit har-
ter Klopfmassage, was diesen Kindern eine große Annehmlichkeit bedeutet, weil
durch die Zusammenziehung der Rückenmuskulatur die Ausatmung erleichtert
wird. So konnte dies Kind sofort gut ausatmen, als ich ihm einen Wattebausch
hinhielt und pusten ließ. Wenige Zeit später lachte es. Strahlend ging das Kind zu
seinen Eltern. Am nächsten Tag berichteten die Eltern in Anwesenheit der behan-
delnden Ärztin, dass das Kind seit seiner Geburt das erste Mal durchgeschlafen
hätte. Später erzählte mir dieselbe Ärztin, dass das Asthma total überwunden
sei. Bei Kindern sind die terlusollogischen Heilungen überraschend schnell.

Depression

Ein guter solarer Freund rief uns verzweifelt an, er leide zunehmend unter Depres-
sionen. Der uns als ausgesprochen aktiver, nicht ganz 50-jährige sehr kräftige
und sportliche bekannte Mann war höchst depressiv und kurz vor einem Selbst-
tötungsversuch. In seiner Heimatstadt wollte ihm niemand seine Depression ab-
nehmen. Dieser so aktive Mensch hatte einfach keine Depression zu haben. Selbst
die Untersuchung bei einem Neurologen ergab keine krankhaften Befunde. Nur
zögerlich war die Diagnose Depression gegeben worden. Eine medikamentöse
Behandlung wurde nicht für notwendig gehalten. Als er sich bei uns einfand,
waren seine Schultern sehr stark hochgezogen und außerordentlich stark ver-
spannt. Zusammen mit einem Antidepressivum begannen wir die Übungs-
behandlung. Parallel zur Entspannung des Schulterbereiches ging die schwere
depressive Verstimmung zurück. In den nächsten 8 Wochen ging es ihm zuneh-
mend besser. Dann rief er an, dass sein Zustand plötzlich wieder schlechter wür-
de. Bei der sofortigen Überprüfung der Übungen stellte sich eine falsche Atmung
heraus. Er atmete aktiv ein. Nach wenigen Minuten Üben war er wieder aus dem
falschen Atemverhalten heraus, und es ging rasch bergauf. Zwei Monate später
erneuter Anruf des Patienten: Es geht langsam, aber stetig schlechter, es gehe
ihm nicht gut. Die Überprüfung der Übungen ergab keine Fehler. Er stellte sich
sicherheitshalber erneut dem Neurologen vor. Dieser war jetzt gleichfalls vorsich-
tig und ließ eine Computertomographie des Kopfes anfertigen. Zur Überraschung
Aller wurde ein Wasserkopf festgestellt. Als Kind hatte der Patient eine Hirnhaut-
entzündung gehabt, in deren Folge im Laufe der letzten Jahre sich eine Abfluss-
behinderung des Nervenwassers eingestellt hatte. Diese Abflussbehinderung hatte
sich bei ihm als Depression bemerkbar gemacht. Nach erfolgreicher Operation
war er sofort beschwerdefrei und gesund.

Dieses Beispiel zeigt eindringlich, dass einer terlusollogischen Behandlung
immer eine ärztliche Diagnostik vorgeschaltet sein muss. Besonders darf
die ärztliche Kontrolle nicht fehlen, wenn sich kein Erfolg einstellt.

Haut

Die Haut ist weitgehend abhängig von der Ernährung und Pflege.

Lunar: An allen Warmzonen sind warme Waschungen und Packungen angebracht. Ebenso *Jod, Teersalben, Zink und Schwefelsalben:* Die Kaltzonen Gesicht, Hals und Becken werden kalt behandelt. Sie reagieren gut auf *adstringierende* Mittel wie Eichenrinde, Tannin, Lebertransalben. Farbstoffe sind wirksam, ebenfalls kurze *Eisauflagen.* Bei allergischen Reaktionen wie Urtikaria ist die Einschränkung von Eiweiß und Zucker wichtig.

Der *solare* Typ hat an seinen Warmzonen Gesicht, Hals und Becken gern feuchte Wärme, am übrigen Körper sind kalte Waschungen oder mäßig warme Bäder angenehmer. Er verträgt die künstliche Höhensonne besser als der lunare Typ. Puder und Öle sind gut. Das Babygesäß als Warmzone reagiert sehr gut auf Zinksalben. Der Calciumbedarf des Solaren ist groß, und ihm sollte bei allen allergischen Erkrankungen Rechnung getragen werden.

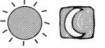 *Von großem Interesse war die Behandlung von Geschwistern, von denen Juliane, geb. 22.12.1964, ein lunarer Typ war, während der Bruder Christian, geb. 25.6.67, zum solaren Typ gehörte. Beide Kinder litten wie die Mutter an einer Neurodermitis[5]. Wir hatten also zwei Kinder aus dem gleichen Milieu, mit derselben Krankheit, aber typenverschieden. Juliane erholte sich nach der Übersiedlung der Eltern an die Ostsee, während Christian sich im trockenen Binnenklima zuvor besser gefühlt hatte. Sie bekamen einen völlig entgegengesetzten Kostplan und Salben. Beide Kinder sahen allmählich ein, dass das verschiedene Dürfen ausschlaggebend für ihr Befinden war. Sie spürten selbst jede Verschlechterung nach Kostfehlern. Juliane fühlte sich wohler im feuchtkalten Winter, und ihre langjährige chronische Bronchitis heilte aus. Christian dagegen lebte im heißen Sommer auf. Der Abschied von diesen beiden Patienten fiel mir sehr schwer, da beide Kinder diese gegensätzliche Führung ihrer Gesundheit als richtig empfunden hatten und sehr vertrauensvoll waren.*

Kopf, Nerven: lunar

Bei Commotio und Contusio cerebri ist eine optimale Kopfdurchblutung notwendig, die wir bei dem *lunaren* Typ mit strenger Rückenlage erzielen. Gefäßerweiternde Mittel können zusätzlich gegeben werden. Die Kopf-

---

[4] zusammenziehende
[5] Hauterkrankung

haltungsübung sollte oft und verlängert gemacht werden, wodurch eine Heilung sehr beschleunigt werden kann. Umgekehrt beim *solaren* Typ, siehe unten.

Schlaflosigkeit führt besonders stark zu Tablettenabusus. Hier hilft die Kopfübung in besonderem Maße und erspart Tabletten. Die Kopfübungen lassen sich auch mit gutem Erfolg in der Vorstellung machen (siehe Kap. 12 „Variationen der Übungen"). Dasselbe gilt für Gedächtnisschwäche. Wie schon bei der Beschreibung der Übungen erwähnt, sind bei Konzentrationsstörungen die korrekt ausgeführten Fuß- und Kopfübungen sehr wichtig. Bei nervöser Überreiztheit sind die Zehen oft plantar gekrallt und müssen durch Zehenübungen gestreckt werden. Bei Spasmen aller Art spielen verlängerte Haltungsübungen eine wesentliche Rolle. Die Funktionsübungen finden ohnehin Gefallen, da sie ein Ventil für die nervliche und muskuläre Überreiztheit bilden. Die Warmhaltung der verkrampften Körperteile ist eine notwendige Hilfe. Migränen sind gut zu behandeln mit allgemeiner Entspannung und anschließender intensiver Kopfdurchblutung durch die Kopfübungen, wobei sich schnell erweist, wie notwendig die Kenntnis des Typs ist. Als Anmerkung sei hier gesagt, dass beim autogenen Training sich in manchen Fällen Migränen und Kopfweh eingestellt haben, wenn eine kalte Stirn suggeriert wurde und die Suggestion auf einen *solaren* Typ traf. Dieser braucht in der Stirn Warmgefühl. Das bedeutet Abzug des Wärmeüberschusses im behaarten Kopf hinunter in den unbehaarten Vorderkopf.

Würde daher ein *solarer* Typ bei einer Commotio oder Contusio cerebri auf den Bauch gelegt mit einem Eisbeutel auf den Kopf, dazu möglichst viel forcierter Ausatmung und langer Kopfhaltungsübung, so würden diese Maßnahmen zu einer beschleunigten Heilung führen.

Für Schlaflosigkeit, Gedächtnis- und Konzentrationsschwäche gelten dieselben prinzipiellen Ratschläge wie für den lunaren Typ.

Bei nervöser Überreiztheit sind die Zehen häufig dorsal flektiert und müssen in Zehenübungen entspannt werden, manchmal mit passiver Hilfe. Über die Bedeutung des Calciums bei diesem Typ wird im Kapitel 16 über den Stoffwechsel berichtet. Es besteht eine stärkere Neigung zu tetanischen Zuständen bei motorischer Überforderung. Ebenso scheint der Calciumbedarf nach starker Besonnung anzusteigen, wie man am Strand

---

[6] fußsohlenwärts
[7] Gehirnerschütterung und Gehirnquetschung
[8] rückwärts gebeugt, zum Rücken hin gebeugt
[9] schmerzhafter Muskelkrampf

beobachten konnte. Bei dem rachitischen Säugling wird zusätzlich Calcium neben Vitamin D3 gegeben, besonders zur Krampfprophylaxe.

Gesicht, Hals, Rachen: lunar

Anginen[10], besonders bei Beteiligung der Halslymphdrüsen, reagieren sehr gut auf Eiswickel. Dieser muss immer durch ein leichtes Tuch von der Direktberührung mit der Haut abgehalten werden. Wird es nach einigen Minuten als zu kalt empfunden, so legt man kurze Pausen ein. Die Wirkung ist schnell da. Zusätzlich kann man noch heiße Getränke geben nach dem Prinzip: innen heiß, außen Eis. Eispackungen bewähren sich auch bei Sinusitiden[11] maxillaris und frontalis. In die Nase gibt man adstringierende Tropfen und Salben, ebenso in die Augen bei Konjunktivitiden[12]. Die Ohren werden, da sie in der Warmzone Hinterkopf liegen, mit Wärmestrahlung oder warmen Kompressen behandelt, wobei man die Wärme von hinten kommen lässt.

Die *Struma juveniles*[13] entsteht in vielen Fällen durch eine Fehlhaltung des Kopfes. Bei zu starkem Hängen lassen des Kopfes nach vorn kommt es zu Stauungen der Halsgefäße, was dem *lunaren* Typ schlecht bekommt. Durch konsequente Geradehaltung des Kopfes und Beseitigung bestehender Stauungen durch Hals- und Kopfübung lässt sich dies sehr gut beeinflussen.

Hals, Rachen, Gesicht: solar

Umgekehrt finden wir dasselbe Leiden durch zu starkes Dorsalneigen des Kopfes bei dem *solaren* Typ. Auch die Angewohnheit, den Kopf schwungvoll nach hinten zu schlagen, um die Haare aus dem Gesicht zu werfen, erzeugt zwar kurzfristige, aber sich ständig wiederholende Stauungen.

 Was eine falsche Kopfhaltung anrichten kann, erlebten wir bei dem kleinen Stefan S. Nach einer schweren Geburt war sein Kopf stark dorsal flektiert, und dieser Tatsache war nicht genügend Beachtung geschenkt worden. Er blieb in seiner funktionellen Entwicklung zurück. Als er in Behandlung kam, war er bereits zwei Jahre. Er war ein solarer Typ, und somit wirkte sich seine Kopfhaltung besonders schlimm für ihn aus. Er saß angelehnt, Kopf nach hinten gebohrt und die untere

---

[10] entzündliche Rötung und Schwellung des Rachens
[11] Kiefer- und Stirnhöhlenentzündung
[12] Bindehautentzündungen
[13] jugendliche Schilddrüsenvergrößerung

Wirbelsäule in starker Kyphose . Die ventral[15] gekrümmte Halswirbelsäule war weit nach vorn geschoben, und der siebente Halswirbel lag so tief, dass er kaum noch tastbar war. Die Haut darüber war ischämisch[16]. Stefan war ein freundliches Kind, konnte aber weder sprechen noch stehen. Die Übungsbehandlung hatte zunächst zum Ziel, die Kopfhaltung zu ändern, was für das Kind sehr schmerzhaft und unangenehm war. Bauchlage, Spielen mit nach vorn gebeugtem Kopf und allgemeine Entspannung durch die Gesamtübungen halfen mehr und mehr. Stefan lernte Sprechen, Schwimmen, Radfahren, langsames Gehen und wurde ein sehr fröhliches, aufgeschlossenes Kind.

Bei Anginen und Drüsenaffektionen sind für den wärmebedürftigen Hals feuchtwarme Halswickel, Kataplasmen oder Ölwickel sehr wohltuend und heilend. Man kann das Öl mit leichter Rundmassage einreiben. Bei Sinusitiden sind feuchtwarme Inhalationen wirkungsvoll, und eine Rhinitis kann mit warmen Kompressen und milden Nasensalben behandelt werden, nicht aber mit adstringierenden Mitteln, die sogar eine chronische Rhinitis herbeiführen können. Konjunktivitiden reagieren wie die Nasenschleimhaut. Anders die Ohren, die zur Kaltzone „behaarter Kopf" gehören. Sie vertragen nur Wärme vor dem Ohr vom Gesicht her.

Bauchorgane, Unterleib: lunar

Die Oberbauchorgane wollen feuchte Wärme. Eine weiche Rundmassage von lateral nach medial zur Magengrube aktiviert die Durchblutung. Die Oberkörperübung und besonders die Positionsübung sollte mehrmals gemacht werden. Gastritis, Leberschaden, Ulcus sind gut beeinflussbar. Die Nieren reagieren ebenfalls auf feuchte Wärme, gefäßerweiternde Mittel sind günstig.

Von der Gürtellinie abwärts ist das *Becken* mit kalten Waschungen und harter Klopfmassage zu behandeln. Bei Unterleibserkrankungen kommen wieder Eispackungen zur Geltung. Die Obstipation hat bei diesem Typ häufig ihre Ursache in zu eiweißreicher Kost. Meist handelt es sich um ein Zuviel an Milch und Quark. Abführmittel haben wir bei Kindern höchstens am ersten Tag der Behandlung gegeben in Form von abführenden Zäpfchen. Es mag unglaublich klingen, aber per os gegebene Abführmittel habe ich so

[14] Rückgratverkrümmung nach hinten
[15] bauchwärts
[16] mangeldurchblutet
[17] heißer Breiumschlag
[18] Schnupfen
[19] Geschwür
[20] Stuhlverstopfung

gut wie nie gebraucht, auch nicht in dem Kleinkinderheim bei 75 Kleinkindern. Typenentsprechende Kost, regelmäßiger Stuhlgang am Morgen und genügend Bewegung waren Therapie genug. Eine eiweißarme Kost, Saft von Citrusfrüchten, Karotten, Kartoffeln und kräftiges, sauer gebackenes Brot (Schwarzbrot macht oft Blähbeschwerden) erwiesen sich einleitend als richtig. Die Gewöhnung des Darmes an Abführmittel bereits in der Kindheit gibt wenig Aussicht auf ein späteres normales Funktionieren des Darmes.

Menstruationsstörungen und manche gynäkologische Erkrankung beruhen auf Verspannung im Unterleib. Hier sind die typenrichtigen Übungen wichtig (Oberschenkel und Becken).

Bei Blasenreizungen genügt beim *lunaren* Typ, das Becken kalt zu waschen, was jede andere Therapie ergänzt oder ersetzt. *Solare* Typen machen dagegen warme Sitzbäder.

Bauchorgane, Unterleib: solar

Was bei dem *lunaren* Typ die feuchte Wärme tut, schafft bei dem *solaren* Typ die trockene Kälte. Bei einer Gastritis sollte man viele kleine Mahlzeiten geben und Säure sorgfältig vermeiden. Magerquark ist bei der Gastritis des *solaren* Typs besonders gut, da es den hohen Eiweißbedarf deckt, ohne zu belasten. Der Quark ist ein wesentlicher Bestandteil der Leberdiäten (leider jedoch auch für den *lunaren* Typ, für den das hohe Eiweißangebot schlecht ist). Harte Klopfmassage des Oberbauches und weiche Rundmassage des Unterleibes sind gute Helfer des Verdauungstraktes. Es ist mir kaum ein *solarer* Typ bekannt, der nicht zu Obstipation neigt. Die heutige Kost ist zu fettreich und schlackenarm. Die Mahlzeiten sind reduziert auf höchstens drei. Bewegung gibt es zu wenig. Saure Nahrungen sind beliebt, ebenso scharfe, durstmachende Gewürze. So kommt es zu einer Summation schädigender Faktoren für den Darmtrakt des solaren Menschen. Morgens ein Löffel Honig, Malzextrakt, getrocknete Pflaumen, Datteln, Feigen sind neben Weizenschrot oder Leinsamen genügend Abführmittel, wenn anschließend die Kost typenrichtig geregelt wird.

Bei Dyspepsien[21] ist Reis das sicherste Stopfmittel. Die Banane stopft nicht, sondern reguliert. Auf den Reis folgt Magerquark oder eiweißhaltige Nahrung in anderer Form. Zucker kann als dextrinierter Zucker oder Honig sofort gegeben werden. Bei Adipositas[22] sind häufige kleine Mahlzeiten besser als zu starker Nahrungsentzug, da sie besser verwertet werden und

---

[21] Durchfälle
[22] Fettsucht

es nicht zu einer Überhungerung kommt, die zum gierigen Verlangen führt. Fettfreie Kost und wenig Flüssigkeit sind wesentlich. Es erübrigt sich jede „Entfettungsdiät".

Fettsucht lunar

Im Gegensatz dazu soll der adipöse *lunare* Mensch viel trinken, sich reichlich bewegen, nur drei Mahlzeiten einnehmen und sich vor Kohlenhydraten hüten, vor allem Zucker. Jeder Diätplan mag Vorzüge haben, wesentlich ist aber und sehr viel erfolgreicher, sich nach der typenrichtigen Ernährung zu richten.

 Ein australisches Ehepaar machte die gleiche amerikanische Diätkur und stellte schließlich fest, dass die kohlenhydratarme Kost dem lunaren Mann sehr gut bekommen war, während die solare Frau sich schlapp fühlte, schließlich fieberhaft erkrankte und in der Rekonvaleszenz keine Widerstandskraft hatte. Kostumstellung auf solare, kohlenhydratreiche Kost half dann bald.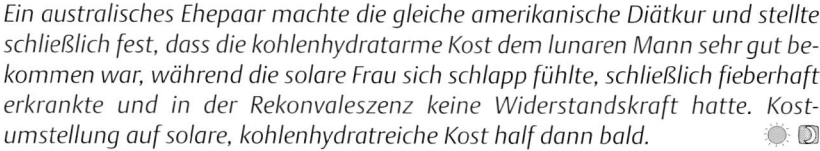

Herz und Kreislauf: lunar

Bei Gesunden ändert sich die Herzfrequenz mit den Atemphasen. Bei flacher Atmung kann dieser Einfluss auf die Herztätigkeit fehlen, tritt aber bei vertiefter Atmung auf. Vertiefte Atmung ist der wesentliche Faktor bei unserer Übungsbehandlung. Bei dem *lunaren* Typ haben wir die *vertiefte Einatmung,* die den Zustrom zum Herzen begünstigt und damit die Füllung des Herzens verbessert. Obwohl die Herztätigkeit unabhängig von nervösen Einflüssen und ohne Steuerung vom Gehirn vor sich gehen kann – wie ein isoliertes Herz in Nährlösung zeigen kann –, so ist die Herztätigkeit doch abhängig von den Herzknoten als Zeitgeber, von Sympathikus und Vagus als Steuerer der Herzfrequenz. Unter Vagusreizung vermindert sich die Frequenz der Herztätigkeit, durch die Inspiration   verlängert sich die diastolische   Phase und somit die Füllung des Herzens und die koronare Blutzufuhr   zu den subendocardialen   Myocardgebieten des linken Ventrikels . Impulse von Dehnungsrezeptoren der Lunge hemmen über den afferenten   Vagus das Herzhemmungszentrum in der Medulla

---

[23] Einatmung
[24] rhythmische Erschlaffung, Erweiterung des Herzens
[25] Blutzufuhr der Herzkranzgefäße
[26] unter der Herzinnenhaut gelegene Herzmuskelgebiete
[27] Herzkammer
[28] zuführenden (Vagus = Hirnnerv)

oblongata²⁹. Die efferenten³⁰ tonischen, die Herzfrequenz niedrig halten-den Vagusentladungen vermindern sich, und die Herzfrequenz steigt an. Hinzu kommt das Ausstrahlen von Impulsen des Inspirationszentrums zum Herzbeschleunigungszentrum. In der Exspiration³¹ nimmt die Herzfrequenz ab.

Herz und Kreislauf: solar

Je größer das Blutvolumen im Beginn der Systole im Herzen ist, um so größer wird die Menge des ausgepumpten Blutes sein. Die Kontraktion des Herzmuskels wird stärker sein, da sie sich dem Innendruck anpasst. Bei forcierter Atmung wird die CO_2-Menge im Blut schneller entfernt und die stimulierende Wirkung des CO_2 auf die Herzfrequenz herabgesetzt. Ähnliche Wirkungen übt der Vagusreiz über den Atrioventrikularknoten aus, und ähnlich ist die Wirkung der Digitalispräparate auf den AV-Knoten. Die Kraft der Systole³² wird gestärkt. Begünstigt wird diese Wirkung des Digitalis durch Calcium – wohl durch seine Schlüsselstellung bei Kontraktionen. Wir haben also bei den *Ausatmern* begünstigte Verhältnisse für die Systole. Nach unseren Beobachtungen verträgt dieser Typ das Digitalis gut, und hier mag die Ursache für die souveräne Stellung des Digitalis und verwandter Präparate in der Herztherapie liegen. Gegenteilige Beobachtungen machten wir bei dem *lunaren* Typ.

Und nun aus eigener Erfahrung.

 Zunächst brachten Bohnenkaffee und Digitalispräparate meinen Gesamtzustand so weit herunter, dass ich mit meinem Blutdruck von 80/60 nicht mehr arbeitsfähig war und in ein Sanatorium ging. In diesem Sanatorium erfuhr ich erstmals von dieser Typenlehre. Ich wurde dort ausschließlich mit lunaren Übungen behandelt. Diese drei Wochen Sanatoriumsaufenthalt machten mich voll arbeitsfähig für Jahre. Ich behielt die erlernten täglichen Übungen bei und begann nun meinerseits, mich mit dieser Lehre zu beschäftigen und in meiner Praxis forschend und beobachtend Erfahrungen zu sammeln, danach zu behandeln und den Hintergründen nachzugehen.

---

²⁹ Gebiet im Hirn
³⁰ herausführenden
³¹ Ausatmung
³² Zusammenziehung
³³ Reizbildungszentrum der Herzkammer an der Vorhofkammergrenze
³⁴ Zusammenziehung der Herzkammer

Zunächst erlebte ich, wie meine Nachbarin in der gleichen Weise wie ich nach einer totalen Erschöpfung bei myokardgeschädigtem[35] Herzen und Digitalisbehandlung dort behandelt wurde. Sie sollte pensioniert werden, als plötzlich durch Behandlung nach ihrer Typenzugehörigkeit eine nahezu völlige Wiederherstellung erfolgte. Sie bekam in Zukunft kein Digitalis mehr, sondern Euphyllin. Sie hat noch 16 Jahre vollen Dienst als Oberstudienrätin getan und erfreut sich jetzt mit 65 Jahren ihrer Pensionierung.

Eine dritte Herzgeschädigte fand ich in desolatem Zustand vor. Eine Landwirtsfrau konnte nur noch wenige Schritte im Zimmer wegen Dyspnoe[36] gehen. Auch sie war mit Digitalis behandelt worden. Es wurde von uns abgesetzt, da sie ein lunarer Typ war und durch Übungen ersetzt. Ein Jahr später spielte sie wieder Tennis.

Die gleichen Erfahrungen an lunaren Typen konnte ich in Australien an mit Digitalis behandelten Patienten machen.

Der *Einatemtyp* verträgt weder Bohnenkaffee noch Digitalis. Dies ist eine mir so wesentlich erscheinende Erfahrung, dass sie dringend weiterer Nachforschung bedarf. Vielleicht bewirkt das Digitalis durch seine positiv inotrope   Wirkung ein zu schnelles Einsetzen der Systole, so dass die Diastole mit der Füllung des Herzens verkürzt ist. Bei lebensbedrohlichen Zuständen mag die Digitaliswirkung zunächst günstig sein durch die plötzliche Steigerung der Herzkraft in der Kontraktion, aber dann scheint bei dem *Einatemtyp* die Notwendigkeit einer ausreichenden Diastole von größerer Bedeutung zu sein. Diese allerdings bedarf ausreichender Unterstützung durch Einatemtherapie, Anregung durch steigende Muskelarbeit und durch feucht-warme Umschläge direkt auf das Herz. Dazu werden eventuell vasodilatatorische   Mittel gegeben, alles Maßnahmen zur stärkeren Durchblutung des Herzens. Die Herzbehandlung ist ein vielschichtiges, großes Gebiet. Ich habe gewagt, meine Erfahrungen in der Absicht zu berichten, weitere Forschungen anzuregen nach Kenntnis der Typen und ihrer besonderen Gegebenheiten.

Seltsamerweise wird vom *lunaren* Typ Tee vertragen trotz seines Anteiles an Coffein. Bohnenkaffee, beim lunaren Typ zur Hebung des Blutdruckes gegeben, bewirkt langsam, aber sicher das Gegenteil. Die scheinbar kurzfristige Anhebung der Aktivität rächt sich bitter, wie ich an mir selbst erlebt

---

[35] Myocard = Herzmuskel
[36] Atemnot
[37] Zusammenziehungskraft des Herzmuskels beeinflussend
[38] gefäßerweiternd

habe und dann immer wieder bestätigt fand. Ob umgekehrt beim *solaren* Typ ein hoher Blutdruck sich durch Kaffee senkt, entzieht sich meiner Erfahrung. Im allgemeinen verträgt dieser Typ den Bohnenkaffee, und er bedeutet ihm oft eine Herzstärkung. Der gefäßverengende Einfluss des Coffeins scheint sich auf den gesamten Brustraum günstig auszuwirken, wie man bei Asthmatikern dieses Typs sehen kann.

Ich möchte noch die Cholesterinfrage anschneiden, die so verschiedenartige Diskussionen hervorgerufen hat. Auch diese Frage hat zwei Seiten. Der *solare Typ* hat das animalische Fett als Cholesterinbildner zu meiden. Ich selbst als *lunarer* Typ esse seit Jahren nur Butter und keine Margarine und habe einen normalen Cholesterinspiegel.

Anders ist es mit dem Zucker, den der *lunare* Typ meiden sollte. Er könnte bei diesem Typ der Cholesterinbildner sein. Es sind so viele Diskussionen über diese Fragen im Gang. Vielleicht bringt dies etwas mehr Klärung.

Ernährungsfehler beim Stillen

 Eine lunare Mutter ruft an: ihr 6 Wochen altes lunares Kind habe bisher das Stillen bestens vertragen. Seit drei Tagen aber habe das Baby zunehmend Blähungen, es schreie mehr und mehr und jetzt sei der Stuhlgang auch noch grünlich. Sie sei ganz verzweifelt, sie hätte sich doch an alles gehalten und nichts Typenwidriges gemacht. Nun, es war Mitte Mai, als sie anrief. Von einer Ahnung getrieben – es war ja Spargelzeit – fragten wir sie, ob sie Spargel gegessen hätte. Die Antwort kam prompt, ja, die letzten drei Tage. Spargel ist ausgesprochen solar. Der Mutter war er gut bekommen, aber das Baby hatte sofort reagiert. Die Mutter ließ den Spargel weg, und bereits zwei Tage später war alles wieder in Ordnung.

Orthopädische Leiden

Bandscheibe

 Nach seit 15 Jahren bestehender schwerster Rückenprobleme (Bandscheibenleiden im Lendenwirbelsäulenbereich mit sich im Laufe der Zeit entwickeltem Wirbelgleiten) kam eine schlanke, sehr sportliche, lunare Frau zur Behandlung. Sie war gerade zum wiederholten Male erfolglos in 6-wöchiger Kurbehandlung gewesen. Der Abschlusskommentar der Kurklinik lautete: Die Schmerzen werden von der Patientin trotz Kurverlängerung auf 6 Wochen als unverändert beschrieben, sie fühle sich aber insgesamt wohler. Beruflich drohte der Patientin das Aus. Als Intensivkrankenschwester konnte sie wegen der unvermeidbaren Rückenbelas-

tungen nicht mehr arbeiten. Wir begannen mit intensiver lunarer Übungs-behandlung. Zusätzlich wurde lunares Sitzen, Stehen und Gehen erlernt. Binnen weniger Tage trat bereits eine deutliche Linderung der Beschwerden ein. Dennoch traten immer wieder bei ungünstigen Bewegungen heftige Schmerzattacken ein. Entnervt stellte sie sich erneut in einer Uniklinik vor. Dort schlug man ihr ein neues Verfahren vor. Man wollte ihr eine neu entwickelte Bandscheibe einsetzen. Er-neut fragte sie uns um Rat. Wir verabredeten, noch ein viertel Jahr konsequent weiter zu üben und einen Schmerzkalender zu führen. Schon nach wenigen Wo-chen zeigte sich eine erhebliche Abnahme der Schmerzattacken im Kalender. Dies motivierte die Patientin und sie führte ihre Übungen regelmäßig durch. Nach insgesamt 1 ½ Jahren rief sie glücklich an, sie könne (gegen unseren Rat) wieder alpin Ski laufen. Es sei einer der schönsten Tage in ihrem Leben gewesen. Nur noch ganz gelegentlich hätte sie Schmerzen, das aber nur bei sehr unbedachten plötzlichen Bewegungen. In der Zwischenzeit hat die Patientin erfolgreich umge-schult und führt nun eine überwiegend sitzende Tätigkeit aus, das aber in typi-scher lunarer Sitzhaltung ohne Beschwerden.

Angeborenes Hüftleiden

Während eines Kurses begann eine solare Patientin mit einem angeborenen Hüft-leiden mit den Übungen. Sie konnte zu diesem Zeitpunkt keinen Schritt ohne Schmerzen zurücklegen. Die behandelnden Ärzte prophezeiten ihr in ganz naher Zukunft einen Rollstuhl. Die Übungen waren zunächst recht beschwerlich für die Patientin. Oberschenkel-, Becken- und Oberkörperübungen waren kaum durch-führbar. Sie selbst war festen Willens, die Übungen zu erlernen und regelmäßig zu machen. Die Schmerzen gingen rasch zurück, und nach wenigen Monaten konnten die solaren Übungen ohne Schmerzen durchgeführt werden. Nach ei-nem Jahr hatte sich das Gangbild schon deutlich verbessert. Nach 8 Jahren regel-mäßigen Übens und jährlicher Überprüfung kann die Patientin ohne Schmerzen einen dreistündigen Einkaufsbummel in der Stadt absolvieren. Dann erst setzen leichte Schmerzen ein. Der ehemals erhebliche Beckenschiefstand ist weitgehend aufgehoben und das Gangbild fast normal. Von einem Rollstuhl ist keine Rede mehr.

Arthrose des Kniegelenkes

Eine solare 72-jährige Patientin hat von ihrer Schwester, die eine große allgemein-ärztliche Praxis hatte, von den Übungserfolgen gehört und stellte sich bei uns vor. Im wesentlichen war sie gesund, nur Ihre Knie machten Ihr große Sorgen. Hier bestand eine erheblich Arthrose der Gelenke. Ihre Gymnastik in einem Verein hatte sie zu ihrem Leidwesen aufgeben müssen, was sie wegen der nun fehlen-den sozialen Kontakte sehr bedauerte. Wir begannen mit der Übungsbehandlung und rieten ihr, die Knie regelmäßig mit Eis zu behandeln. Die Übungen im Knien waren wegen starker Schmerzen in den Kniegelenken nicht mehr durchführbar.

Nur etwa 10 Sekunden konnte sie die kniende Position zu Beginn aushalten. Mit großer Geduld versuchte sie jeden Tag ein bisschen länger in der typenrichtigen Knieposition auszuhalten. Nach einem Jahr war es geschafft, sie konnte die Übungen vollständig im Knien durchführen. Ihre Gymnastik nahm sie wieder auf. Schmerzen hat sie in den Kniegelenken keine mehr, aber geübt wird jeden Tag und 2mal im Jahr kommt sie zur Kontrolle.

Rückenschmerzen

 Ein solarer Freund kam kurz vor dem beruflichen Aus wegen nicht mehr auszuhaltender Rückenschmerzen zur Behandlung. Im Bereich der unteren Brustwirbelsäule konnte man eine ganze Faust in eine Kuhle legen, ohne dass man sie von der Seite noch hätte sehen können. Vom Becken bis dort oben hatte er sich ein riesiges Hohlkreuz antrainiert. Neben der Wirbelsäule war eine stark entwickelte und extrem harte Muskulatur vorhanden. Außer im Liegen hatte er nur noch schwerste Schmerzen. Nach wenigen Wochen der Behandlung (Übungen, physikalische Behandlung und harte Klopfmassage) war er wieder arbeitsfähig. Er ist nun über zwanzig Jahre beschwerdefrei. Regelmäßig mindestens einmal im Jahr kommt er zur Überprüfung der Übungen. Er neigt dazu, nach einem längeren Zeitraum in die alten Verhaltensweisen zurückzufallen. Medikamente hat er nie wieder gebraucht.

Die regelmäßige Überprüfung der Übungen ist sehr wichtig. Manche Menschen benötigen eine Überprüfung einmal im Jahr, bei anderen reicht eine Überprüfung alle drei Jahre. Nur wenige Menschen besitzen so viel Körpergefühl, dass sie nach dem Erlernen der Übungen nicht mehr in alte Verhaltensweisen zurückfallen. Sie können sich selbst an den Übungen orientieren, wie es um sie steht.

Überlastung

 Eine lunare junge Geigerin rief Abends verzweifelt an, sie habe am nächsten Morgen Prüfung. Sie hätte die letzten Tage sehr viel geübt und rasende Schmerzen am Unterarm bis zum Ellenbogengelenk. Sie könne wegen starker Schmerzen nicht mehr musizieren. Unter der Annahme der Überforderung und Verkrampfung der Muskulatur rieten wir aus der Ferne, sofort einen feucht warmen Umschlag zu machen, was sie befolgte. Am nächsten Abend rief sie überglücklich an, dass sie die Prüfung erfolgreich bestanden hätte und außerdem ein Stipendium nach New York gewonnen hätte. Die physikalische Behandlung – typenrichtig angewendet – führt immer wieder zu überraschenden Ergebnissen.

Partnerschaft

 Ein solarer Patient war mit einer lunaren Frau verheiratet. Er war beim Maximum der Sonne im Juni bei Neumond geboren und sie bei Vollmond im Dezember. Die Gegensätze der beiden Atemtypen waren also extrem groß. Die Ehe lief ausgesprochen harmonisch, da er zur See fuhr und die Zeit der Gemeinsamkeit begrenzt war. Beide erholten sich in seiner Abwesenheit gut. So ging es viele Jahre, doch die Liebe war so groß, dass er sich ihr zu Liebe entschloss, den Seemannsberuf aufzugeben. Es dauerte nur ein Jahr, und die Ehe brach auseinander. Beide hatten nicht beachtet, dass es zwingend notwendig ist, sich gegenseitig genügend Spielraum zu lassen, um sich vom anderen erholen zu können, wie zum Beispiel getrennte Schlafzimmer.

Zustand nach schwerem Verkehrsunfall

 Eine solare Patientin, die nach einem sehr schweren Autounfall nicht mehr gehen konnte, saß mit leichter Neigung des Rückens nach hinten im Rollstuhl und die Unterarme lagen auf der Armstütze, wobei die Hände mit gebeugten Handgelenken herunter hingen. Allein die herabhängenden Hände in lunarer Position lassen ein Wohlfühlen nicht zu. Wir setzten die Patientin so, dass der Oberkörper eine leichte Neigung nach vorn bekam, und die Armstützen wurden verlängert, so dass die Handgelenke mit Händen auf der Armstütze ruhten.

Einer solaren neurologischen Patientin (genetisch bedingte, an den Beinen beginnende Lähmung, die langsam aufsteigt) stellten wir die Krückstöcke so ein, dass ihre Schultern beim Gehen unten blieben. Allein diese Veränderung bewirkte einen wesentlich ästhetischeren Anblick.

Auch diese „scheinbaren Kleinigkeiten" verbessern das Befinden dieser Patienten erheblich. Die Übungsbehandlung ist allerdings schwierig und erfordert viel Erfahrung.

16 Stoffwechsel, Diäten

Im Mittelpunkt des Stoffwechsels steht das Wasser, wie es im Mittelpunkt allen Lebens als Energiequelle, Lösungsmittel und Energieüberträger steht. Wir erinnern uns an den zu Beginn des Buches gemachten Hinweis auf *Picardis* [12] Versuche und die Bedeutung des Wassers für die Körperzelle. Der Stoffwechsel lässt sich vergleichen mit einem Flussdelta mit nicht enden wollenden Verzweigungen, Querverbindungen, vorwärts- und rückwärtstreibenden Wassermengen, abhängig von vielen Faktoren. Unsere Nahrungsaufnahme ist der Faktor, der dem Stoffwechsel das notwendige Wasser und die Nahrungsstoffe zuführt. Die Nahrungsaufnahme stellt die Aufgaben für das große chemische Labor in uns, welches analytisch und synthetisch das Bekömmlichste daraus zu bereiten hat. Zusätzlich benötigen wir die Luft zu dieser Stoffwechselarbeit. Leider essen wir jedoch kaum noch nach Instinkt, Vernunft und Bekömmlichkeit, sondern nach Geschmack, Verlangen, Bequemlichkeit. Daraus resultieren manche Schäden für unser Wohlbefinden. Tabletten werden genommen, Kuren gemacht, das Klima gewechselt, aber wesentliche Besserung kann dadurch nicht erreicht werden: So bemühen sich viele verantwortlich Denkende, durch Kostvorschläge aller Art zu helfen. Die verschiedensten Schwerpunkte werden gesetzt: Nicht zuviel Eiweiß, keinen Zucker, kein Fett, Rohkost, krebsverhütende Ernährung. Jeder dieser Vorschläge wird Gutes schaffen können, aber auch Schaden setzen können. Nach unserer Erfahrung gibt es eine grundlegende Forderung für alle Diäten: dass nämlich keine verallgemeinert werden darf.

Die Einengung unserer Kost durch die Zweiteilung für lunare und solare Typen lässt genügend Spielraum für Geschmack, Klima, Nahrungsbeschaffung und „balanced diet", wie wir an Patienten aller Altersstufen erfahren haben. Viele Menschen richten sich instinktmäßig danach und sind dann gesund und leistungsfähig. Da ja in jedem Menschen beide Kräfte wirksam sind, werden gelegentliche Verstöße kein Unheil anrichten, jedoch dauernde typenverkehrte Ernährung kann verheerend wirken oder langsam die Gesundheit unterminieren.

Wie aus den Tabellen 1 und 2 (s. S. 22/23) ersichtlich ist, ist der Stoffwechsel des *solaren* Typs mehr dem pflanzlichen Milieu angeglichen. Glucose wie Eiweißan- und -abbau sind unkomplizierter und liefern ausreichend CO_2 für diesen Ausatemtyp. Ebenso sind die pflanzlichen Fette für ihn bekömmlicher.

Der Fettstoffwechsel wird gesteuert vom autonomen Nervensystem. Man vermutet auch die Existenz eines hypophysären Hormons, das Triglyceride und FFS mobilisieren kann. Die drei Grundnahrungsstoffe (Eiweiß, Fett und Kohlenhydrate) können ohnehin wechselseitig auf- und abgebaut werden. Nur wenige enzymgesteuerte Prozesse brauchen einen Richtungsregler, der einen Prozess nur in einer Richtung zulässt. Die unterschiedlichen Reaktionswege für Fettsynthese und -abbau sind ein Beispiel dafür.

Bemerkenswert ist jedoch, dass der *solare* Typ einen höheren Calciumbedarf zu haben scheint als der lunare Typ. Welches sind wesentliche Aufgaben des Calciums? Einmal wird es als intrazelluläre Kittsubstanz benötigt, eine Eigenschaft, derentwegen es bei allergischen Reaktionen früher gern gegeben wurde. Ferner aktiviert Calcium den Kontraktionsmechanismus der Muskeln und ist für die Erregungskontraktionskopplung im Skelett- und Herzmuskel von entscheidender Bedeutung. Muskeln erhalten mit Hilfe von Calcium eine optimale Vordehnung. Da die Ruhestellung der Muskulatur des *solaren* Typs die leichte Beugehaltung ist, wie wir aus den Übungen wissen, so mag diese Ruheposition in Vordehnung den höheren Calciumbedarf erklären. Die sprungfederartige Kontraktion der Muskulatur wird ihm dadurch erleichtert. Durch höheren Eiweißbedarf hat sein Körper die Proteine als Calciumträger im Blut reichlich zur Verfügung.

Beziehungen wie niedriger Calciumspiegel und Tetanie, Calcium als Faktor bei der Blutgerinnung, die Aktivierung der Calciumresorption durch Vitamin D und die Rolle des Calciums bei der Digitalistherapie sind Probleme, die nach Typisierung von Testpersonen physiologischer Nachprüfung unterzogen werden müssten. Wir machten die Erfahrung, dass alle vorgenannten Mechanismen eine besondere Rolle beim *solaren* Typ spielen. Die Verträglichkeit von Calciuminjektionen war dementsprechend eine ganz andere als beim *lunaren* Typ. Hypocalciämie nach Hyperventilation , nach zu starker Besonnung , fanden wir nur bei diesem Typ. Dagegen sahen wir keine oder schädliche Wirkungen einer Calciumtherapie bei dem *lunaren* Typ.

Dieser kann seine Ernährung aus animalischen Nahrungsstoffen beziehen. Als *Einatmer* hat er mehr Sauerstoff zur Verfügung, was seinem stärkeren Bewegungsdrang zugute kommt sowie den Verbrennungsmechanismen des Stoffwechsels. So wird er mit dem Abbau der tierischen Fette fertig und verträgt Eiweiß besser mit gleichzeitiger Fettzufuhr. Warum die ungesättigten Fette pflanzlicher Herkunft ihm unverträglicher sind als die

---

[1] erniedrigter Calciumspiegel im Blut
[2] Steigerung der Atmung über den Bedarf hinaus

gesättigten Fette tierischer Herkunft, muss auch als sehr wichtige Erfahrungstatsache hingenommen werden, bis eine Erklärung gelingt. Die Kohlenhydratzufuhr deckt er am besten mit der Kartoffel. *Brown* [3] hat in jahrelanger Beobachtung und Versuchen die Abhängigkeit ihres Wachstums von den Mondzyklen beobachtet, ebenso wie bei Algen und Karotten. Die Stärkekörner der Kartoffelknolle sind größer als die anderer transitorischer Stärken. Die Stärkebildung geschieht ebenso wie die Karotinbildung der Karotte ohne Sonnenlichteinfluss. Würmer und Salamander „wissen" von der Periodizität des Mondes. „Die Ähnlichkeit der bei diesen Lebewesen festgestellten Stoffwechselschwankungen durch den Mondtag lassen sich einleuchtend erklären, wenn man annimmt, dass alle diese Organismen auf eine allgemeine äußere Schwankung reagieren, die *lunare* Periodizität aufweist." Der Sauerstoffverbrauch der Kartoffel stieg um 20 % während der Zeit des dritten Mondviertels. Während die Sonneneinstrahlung kaum in die Erde eindringt, geht die Mondstrahlung tiefer in die Erde. Erfahrungsgemäß ist der *lunare* Typ gut dran mit der Nahrungsaufnahme von Kartoffeln, Karotten, Rüben, Sellerie, Porree, wofür die Beobachtungen von *Brown* [3] eine Erklärung geben können.

Der Calciumbedarf des *lunaren* Typs ist nicht groß. Bei Injektionen in die Vene wird Calcium schlecht toleriert und als unangenehm empfunden. Ein Kaliumangebot hingegen zeigt bei ihm eine beruhigende Wirkung.

 Chr. B., geb. 12.2.1946, ein hochgradig lunarer Typ, war total verspannt. Sie wurde zeitweilig völlig steif. Sie rauchte und trank reichlich Bohnenkaffee. Wegen nervöser Übererregbarkeit hatte sie ärztlicherseits circa 60 Calciuminjektionen bekommen. Wir behandelten sie nach Absetzen aller vorgenannten Dinge mit intensiver Atemtherapie, wodurch sich die Verspannungen schnell lösten. Gegen die nervöse Unruhe bekam sie Kalium. Die Normalisierung trat schnell ein. Kalium dient hierbei wohl zur Repolisation des Membranpotentials und damit zur Beruhigung von Nerven und Muskeln.

Die Ruheposition des *lunaren* Typs ist die *Streckhaltung*. Sportler kennen das Ausschütteln und Hängenlassen der Gliedmaßen nach Anstrengung.

17 Der lange Weg zur typenrichtigen Kost

Wie kann man es wagen, trotz der Fülle der Diäten und Kostformen ein neues Schema dagegenzusetzen?

Schon ergibt sich die erste Frage, die ich mir von Jugend an stellte. „Warum vertragen in einer Familie mit 10 Kindern, die unter gleichen äußeren Bedingungen heranwachsen, die einen diese Speisen und die anderen diese Speisen nicht?" Kommt das durch den verschiedenen Geschmack oder ist die Verträglichkeit der Speisen eine andere? Die einen vertrugen die Karotte sehr gut, aber keinen Spinat und umgekehrt. Die Ernährung war in meinem Elternhaus noch übersichtlich einfach im Gegensatz zur heutigen Vielfalt von in- und ausländischen Produkten und Zubereitungen.

Zwei miterlebte Weltkriege und Hungerzeiten machten die verschiedene Bekömmlichkeit noch durchsichtiger. Nach jahrelanger Hausfrauentätigkeit nach dem Tode meiner Mutter ging ich zur Ausbildung als Kinderkrankenschwester an die Universitätskinderklinik zu Professor *Ibrahim* in Jena. Dort war der Säuglingsernährung eine besondere Aufmerksamkeit gewidmet. Ich arbeitete in der Milchküche und leitete die Ammenabteilung. In den Kriegsjahren wurden Kartoffelsuppe, Möhrenkost, saure Milchen, abgerahmte Milch und vieles mehr geprüft – teils aus Not, teils aus guten Erfahrungen. Die Zeit der sauren Milcharten wurde später von Süßmilchen, entfettet oder adaptiert, abgelöst.

Beobachtungen in der Großen Krankenpflege im Westendkrankenhaus in Berlin mit der interessanten Diabetesstation von Professor *Unger* oder die Endstation der Schwerst-TBC-Kranken öffneten das Verständnis für Ernährungsfragen weiterhin.

Dieser Ausbildung als Krankenschwester folgte dann das Medizinstudium in den Jahren grausamer Hungerei mit schwerster eigener Belastung. Es folgten ärztliche Erfahrungen in einem Hilfskrankenhaus mit großen Ernährungsproblemen von Erwachsenen und Kindern. Besonders wertvolle Erfahrungen sammelte ich während und nach einer Gallenblasenoperation bei einem Solitärstein. Diese Operation fiel schon in eine Zeit, da ich die Methode des Herrn *Wilk* so einschlägig an mir selbst erfahren hatte. Als ich nach der Operation die gängige Diät zu essen bekam und der Magerquark an der Reihe war, versagte augenblicks meine bis dahin so gut funktionierende Verdauung, ich bekam Übelkeit und hellen Stuhl. Meine Wünsche stießen auf Unverständnis, und so bat ich um vorzeitige Entlassung. Zu Hause ließ ich mir ein in Butter gebratenes Steak geben und Kartoffeln (nach meinem Typ), und am nächsten Tag war alles gut und blieb von nun an gut. Da ich vor, während und nach der Operation keinerlei Schwierigkeiten mit dem Stuhlgang hatte (kein Einlauf, keine Tabletten zum Abführen), ging dann alles seinen gewohnten Lauf mit der typenrichtigen Kost. Ich begann immer mehr die Bekömmlichkeit der Ernährung nach der Typenzugehörigkeit mit den von *Wilk* aufgestellten Grundregeln zu beobachten und zu erweitern und zu bestätigen. Ganz besonders schnell verschwindet jegliche noch so alte Obstipation. Kindern habe ich sowohl in der Praxis als auch in den Kinderheimen nie ein Abführmittel verordnet. Die Grundregeln für beide Typen sind bereits in diesem Buch aufgeführt. Kurze Abweichungen davon werden selten schaden, aber langjährige bekommt man in älteren Jahren quittiert und schaden im geheimen der Leber und dem gesamten Verdauungssystem.

In mehreren Kinderheimen konnte ich über Jahre die Erfolge beider Ernährungsformen exakt an Gewicht, Gedeihen und Vitalität der Kinder beobachten, wie auch in meiner kinderärztlichen Praxis.

Mit diesen langjährigen Erfahrungen fuhr ich dreimal nach Australien, um die gemachten Erfahrungen unter den ganz anderen Verhältnissen nachzuprüfen, wozu ich sehr interessante und interessierte Mitprüfer fand. In der erstklassigen Universitätsbibliothek in Perth fand ich sehr interessante Lektüre über den Stoffwechsel, die mich auch in den durch Erfahrung und Beobachtung gefundenen Tatsachen bestätigte. Aber der Stoffwechsel ist eine so komplexe Sache, dass ich mich nicht berechtigt fühle, darüber zu schreiben. Grundsätzlich wurde bestätigt, dass ein Stoffwechsel, der durch forcierte Einatmung gesteuert wird, dem Stoffwechsel entgegengesetzt sein muss, der durch verstärkte Ausatmung – Abgabe von CO_2 – in Gang gehalten wird. Die Anerkennung der beiden Atemtypen gäbe eine andere Ausgangsbasis für biochemische Forschungen, der Ernährungsphysiologie.

In der Folgezeit habe ich im Sinne der Erfahrungsheilkunde Hunderte bis Tausende von Patienten daraufhin beobachtet und beraten. Die Gesetzmäßigkeit ist so überraschend, dass man – solange die Ratschläge befolgt werden – nie fehlgeht. Wer Zweifel an der Richtigkeit hat, möge Säuglinge nach ihrem Typ lagern und ernähren und wird in wenigen Tagen wahre Wunder erleben. – Ich folgerte darum: Was den Säugling fördert und umgehend gesunden lässt, muss auch weiterhin im Leben die richtige Basis sein.

Was der infantile Verdauungstrakt zu seinem Besten verwertet, muss im Prinzip auch dem erwachsenen Körper gut tun – wenn auch in erweiterter Form den späteren Erfordernissen eines Erwachsenen entsprechend. Verträgt der Säugling das Fett der Milch, so wird auch der erwachsene Körper das tierische Fett benötigen. Umgekehrt braucht der *solare* Säugling pflanzliches Fett oder gar keines, dann wird der erwachsene Körper mit pflanzlichem Fett zurechtkommen.

Und immer ist die Ernährung gekoppelt mit dem richtigen Verhalten im Liegen, Sitzen, Stehen und Gehen, wie in diesem Buch beschrieben.

Es war ein langer Weg des Prüfens, bis ich es wagen konnte, mit absoluter Sicherheit an die Öffentlichkeit zu gehen und hoffentlich vielen Menschen ein gesundes Altern zu bescheren. Ich darf mit über 90 Jahren sagen, dass das Alter sich zur fruchtbaren und befriedigendsten Zeit meines Lebens dank all dieser Erkenntnisse erweist.

18 Besondere Behandlungsfälle

Bei jeder Erkrankung spielt die körperlich-seelische Gesamtverfassung eine ausschlaggebende Rolle. Darum lässt sich bei Kenntnis der Typenzugehörigkeit zusätzlich durch Kräftigung der Gesamtverfassung helfen.

 Eine lunare Patientin erkrankte an einem Non-Hodgkin (Blutkrebserkrankung) Stadium 2 und musste sich einer Chemotherapie unterziehen. Sie war sehr depressiv und mutlos. Wir erklärten ihr, dass die Übungen ihr sehr helfen könnten, die negativen Auswirkungen einer Chemotherapie zu lindern. Üblicherweise tritt neben Haarausfall und erheblicher körperlicher Leistungsminderung mit Übelkeit und Erbrechen ein nahezu völliger körperlicher Zerfall ein. Das Immunsystem liegt brach und regelmäßige ärztliche Überwachung bis hin zur klinischen Überwachung ist Alltag für diese Patienten. Sie übte fleißig. Sie erhielt ambulant alle 14 Tage als Infusion ihre Chemotherapie. Jeweils am Tage der Infusion stellte sich für etwa 24 Stunden Übelkeit und Erbrechen ein. Danach ging es ihr wieder gut. Sie war die einzige Patientin dieser Uniklinik, die während der ganzen Behandlung arbeitsfähig blieb mit Ausnahme des jeweiligen Behandlungstages. Das hat ihr das Durchhalten erheblich erleichtert. Heute gilt sie als geheilt. Die Terlusollogie hat also durchaus einen Stellenwert als begleitende Krebstherapie.

Eine lunare Lungenkrebspatientin in weit fortgeschrittenem Stadium kam zu uns, um die Übungen zu erlernen. Eine Heilung war ausgeschlossen. Sie erlernte die Übungen mit dem Ziel einer Verbesserung ihrer Lebensqualität. Sie litt unter erheblicher Atemnot und starken Schmerzen. Die Übungen gaben ihr deutliche Erleichterung, der Schmerzmittelverbrauch sank und sie fühlte sich wohler. Nach ihrem Ableben kamen ihre Angehörigen zu uns, um sich für diese „Sterbehilfe" zu bedanken.

Diese Beispiele zeigen, dass selbst bei nicht heilbaren Erkrankungen eine Verbesserung der Lebensqualität für den Betroffenen sehr hilfreich ist. Allein der Rückgang des Medikamentenverbrauchs macht den Patienten frischer, und er kann mehr am Familienleben teilhaben. Manchen Patienten ist schon damit geholfen, wenn sie typenrichtig gesetzt werden oder die Gehhilfe typenrichtig angepasst wird.

 Torsten W., geb. 21.11.1961, ein lunarer Typ, war mit einer inoperablen Meningozele[1] geboren. Die aufgesuchten Kapazitäten hatten betont, dass nichts zu machen sei. Er kam mit der recht verzweifelten Mutter mit 3 1/2 Jahren in meine Behandlung. Das Kind kroch auf Händen und Füßen. Aufrichten war nicht mög-

---

[1] nicht operierbarer Vorfall der Rückenmarkshäute mit Zystenbildung

lich. Torsten sprach nicht. Seine geistige Normalität schloss ich aus der Tatsache, dass der scheinbar mit Humor begabte kleine Kerl in komischen Situationen an der richtigen Stelle lachte. Eine intensive Übungsbehandlung schaffte es, dass er heute ein Gymnasium besucht, auf einem Dreirad fahren kann, auch mit Krücken gehen lernte. Der späte Behandlungsbeginn setzte im ganzen zwar Grenzen, aber die geistige Entwicklung wurde nach dem baldigen Erlernen des Sprechens normal. Psychisch waren manche Klippen zu überwinden, da er es gern in der Bewegung anderen gleichgetan hätte. Er suchte sich als Ersatz den Umgang und das Studium mit Kleinsttieren.

Hubertus P., geb. 3.11.1965, auch ein lunarer Typ, hatte eine Muskeldystrophie[2], deren Art von Kapazitäten nicht eindeutig festgelegt werden konnte. Er kam mit 5 1/2 Jahren erstmalig in meine Behandlung. Sein Gewicht betrug damals 13,4 kg. Der Allgemeinzustand war sehr schlecht. Kopfhaltung war nicht möglich; kein Stehen; Knie in fixierter Beugehaltung; Schultermuskulatur distrophiert; mühsames Hocken oder Vorwärtskriechen. Die Sprache war skandierend, aber geistig war die Entwicklung altersentsprechend. Etwa in vierwöchentlichen Abständen kam es zu azetonämischem Erbrechen[3] und Aufenthalt in einer gut renommierten Kinderklinik. Im Januar begann unsere Behandlung. Zunächst Umstellung der Kost auf rohes Fleisch, Butter, Apfelsaft, Karotten, Kartoffeln usw. statt dem bislang gegebenen Quark und Milchprodukten. Kind und Eltern erlernten die Übungsbehandlung. Am 18.5. – das heißt nach vier Monaten – stellten ihn die Eltern dem bisher behandelnden Leiter der Klinik vor, und dieser schrieb mir sehr beeindruckt von dem Erfolg. Hubertus lernte, in einem kleinen motorisierten Auto draußen zu fahren und sich Ansehen bei anderen Kindern zu verschaffen. Kopfhaltung und Kraft der gesamten Muskulatur besserten sich sehr. Er nahm gut zu. Ein Jahr später wurde er in einer Normalschule aufgenommen und dort sogar Klassensprecher. ☽

Heino H., geb. 30.4.1970, ein solarer Typ, Enkel eines erfahrenen Landarztes, gedieh nicht. Wir stellten den Säugling auf fettausgetauschte Nahrung um, und bereits zwei Tage später begannen stete Zunahme und gutes Gedeihen. Ein Jahr später wurde die kleine Schwester gebracht, die von der Mutter nach der guten Erfahrung mit der gleichen fettarmen und fettausgetauschten Ernährung gefüttert wurde. Sie wurde auch ebenso wie der Bruder auf den Bauch gelegt. Aber mit 6 Monaten war sie blass, kraftlos und untergewichtig. Sie war ein lunarer Typ, geb. 11.11.1971, vertrug darum die vorgenannte Behandlung nicht. Umlagerung in Rückenlage und Vollmilch mit Citretten angesäuert halfen sofort. 10 Tage später hatte sie 540 g zugenommen und war rosig und fröhlich. ☀

---

[2] Muskelschwund
[3] Brechanfälle mit Auftreten von Ketonkörpern im Blut

Frau Ingrid G., geb. 12.7.1938, war ein lunarer Typ. Sie war Landgerichtsrätin und hatte zwei Kinder. Jahrelang hatte sie am ganzen Körper Ödeme[4]. Weder diagnostisch noch therapeutisch waren Erfolge zu erzielen gewesen. Ihre Leistungsfähigkeit war stark reduziert. Sie hatte Calcium bekommen, trank Bohnenkaffee, schlief auf dem Bauch und hatte einen stark erniedrigten Blutdruck. Am 13.5.1971 begannen wir mit der Umstellung auf ihren Typ und der Übungsbehandlung. Die Ödeme verschwanden, am 12.7.1971 war das Allgemeinbefinden bereits sehr gut. Die Leistungsfähigkeit war voll da und blieb so.

 Ein solarer Patient rief an und berichtete, dass er nach einer schweren viralen Herzerkrankung zur Herztransplantation vorgeschlagen worden war. Doch er lehne die Herztransplantation ab und möchte wissen, ob die Terlusollogie ihm helfen könnte. Wir mussten ihm sagen, dass wir über keine Erfahrungen bei einer solchen Erkrankung verfügen und auch kein Krankenhaus sind. Er stellte sich trotzdem vor. Nach etwa einem halben Jahr Übungsbehandlung, Ernährungsumstellung usw. hatten sich seine echokardiographischen Werte bei einer Kontrolluntersuchung fast auf Normalwerte gebessert. Nach insgesamt 1 ½ Jahren Behandlung fuhr er für 6 Wochen nach Nepal zum Wandern.

Es ist uns bewusst, dass dieser Patient eventuell auch ohne die Terlusollogie zufällig hätte gesund werden können. Wenn wir aber alle diejenigen Menschen betrachten, die ihre Übungen regelmäßig machen, dann sind die immer auftretenden Erfolge nicht mehr mit Zufall zu erklären. Da uns keine große Klinik zur Verfügung steht, können wir hier leider nur von Einzelfällen berichten. Wir hoffen aber, dass in naher Zukunft die Medizin bereit ist, die Terlusollogie zu prüfen und diese „Einzelfälle" systematisch untersucht.

 Regina K., geb. 29.11.1964, lunarer Typ, kam am 25.11.1965 in Behandlung wegen rezidivierender Otitiden[5], Appetitlosigkeit und schlechtem Gedeihen. Das Kind lag wegen Muskelhypertension[6] in Bauchlage im Gipsbett. Wir lagerten es auf den Rücken ohne Gipsbett, ernährten es typengerecht und machten die Übungsbehandlung zur Entspannung der Muskulatur. Sofort begannen gutes Gedeihen und normale funktionelle Entwicklung, die auch in Zukunft anhielt. Ich sah das Kind 10 Jahre später in gutem Allgemeinzustand wieder.

 Dirk N., geb. 6.7.1970, war ein solarer Typ und durch Nabelschnurumschlingung ein schwer geschädigtes Kind. Dirk war nahezu blind und in schwerem körperlichen und geistigen Rückstand. Wir sahen das elende, untergewichtige Kind

---

4 Flüssigkeitsansammlungen im Gewebe
5 Ohrenentzündungen
6 erhöhte Muskelspannung

erstmals mit 1 ½ Jahren. Es lag auf dem Rücken, zeigte keinen Ansatz zum Sitzen, griff nicht, hörte nicht und hatte einen Dauernystagmus[7] und ständiges Kopfschütteln. Dieser debile Eindruck war der Mutter so schlimm, dass sie in dem kleinen Heimatort sich nicht mit dem Kind auf die Straße wagte. Die Prognosen der Kapazitäten waren hoffnungslos, zumal die Augenschädigung als eine erbliche Schädigung angesehen wurde, allerdings ohne Feststellung eines ähnlichen Leidens in der Familie. Durch solare Kost, strenge Bauchlage, systematische Übungsbehandlung erlernte Dirk nach einiger Zeit das Sitzen, ein Jahr später stand er, und dann begann das Kind zu klettern trotz seines mangelnden Sehvermögens. Es tastete sich vorwärts. Der Nystagmus verschwand. Ein minimales Sehvermögen wurde von einer anderen Universitätsklinik festgestellt, ebenso Hörreste. Dirk lernte zu spielen und kam in den Kindergarten, wo er durch sein fröhliches Wesen sehr beliebt wurde. Auch auf ein Pferd lässt er sich gern setzen. Jetzt ist er in einer Taubblindenschule. In der Familie ist er – mit seiner fröhlichen Art zu reagieren – der geliebte Mittelpunkt. ☼

 Eine Mutter rief an, sie hätte unser Buch gelesen und die Ernährung bei ihrem Kind daraufhin umgestellt. Ihr Kind sei lunar und wäre im Alter von 6 Tagen an einer schweren Hirnhautentzündung erkrankt. Seit dieser Zeit litte er an bis zu 80 epileptischen Anfällen trotz medikamentöser Behandlung. Nach Umstellung auf die typenrichtige Ernährung seien die Anfälle erheblich zurück gegangen. Nun möchte sie uns das Kind gern vorstellen und die Übungen mit dem Kind machen. Es sei nun 2 ½ Jahre alt, liege nur auf dem Bauch, könne nicht sitzen, den Kopf nicht halten und sei blind. Wir rieten der Mutter, zunächst selber die Übungen zu erlernen, um dann selbst mit dem Kind arbeiten zu können. Dieses Vorgehen erspart ihr das viele Reisen zu uns. So wurde es gemacht. Nach Erlernen der Übungen arbeiteten wir zunächst gemeinsam mit dem Kind. Die Spastik der Beine besserte sich zusehends, und der kleine Kerl versuchte mit jedem Tag, mehr mit seinen Augen zu fixieren. Die sofort nur noch eingehaltene Rückenlage (Bauchlage war nun verboten) zusammen mit den Übungen taten ihm sehr gut. Epileptische Anfälle wurden kaum noch beobachtet und seine anfangs eiskalten Füße wurden warm. Nach drei Monaten begann er zunehmend sein Kopf zu heben, und nach 6 Monaten hält er jetzt seinen Kopf schon für kurze Momente. Die Augen sind ständig offen. Hier sind wir der Meinung, dass Sehreste vorhanden sein müssen. Die weitere Entwicklung wird es zeigen. Die Spastik in den Beinen ist weitgehend verschwunden, und bei den Übungen versucht der Junge ein bisschen mitzumachen. Die Arme werden noch in maximaler Beugestellung gehalten, lassen sich aber leicht passiv öffnen. Hier muss jetzt verstärkt gearbeitet werden. Wenn es ihm gelingt, den Kopf zu halten, wird er hoffentlich rasch das Sitzen lernen. ☽

---

[7] ständiges Augenzittern

Die ständige falsche Bauchlage und die zuvor solare Ernährung (wie aus der Befragung hervorging) hatten das Kind schwer zusätzlich beeinträchtigt. Es wurde dringend Zeit, intensiv mit dem Kind terlusollogisch zu arbeiten. Jede Verbesserung, die jetzt erzielt wird, erleichtert sein Leben langfristig. Man stelle sich vor, er hätte das Sitzen nicht lernen können, dann wäre ein Leben im Bett vorprogrammiert. Schön wäre es, wenn sich Sehreste einstellen würden, die ihm eine grobe Orientierung ermöglichen. Dieses Beispiel zeigt, dass selbst bei diesem schweren Schicksal die Terlusollogie erheblich helfen kann.

Es sind nur einige herausgegriffene Fälle aus der langen Reihe der Behandelten. Sie sollten illustrieren, welche wesentlichen Möglichkeiten sich ergeben. Es ließen sich die zahlreichen Bemühungen um körperlich und geistig Behinderte und manche Therapie bei Erkrankungen und manche Prophylaxe bei Gesunden auf eine zielsichere Basis stellen.

19 Typenlehre und Psyche

Die enge Kopplung von körperlichem und seelischem Befinden wird niemand leugnen, mag auch die Frage „Was ist Seele?" unbeantwortet sein: Liest man das so prägnant geschriebene Buch von *Peter Beckmann* „Brücken zum Leben" [1], so erfährt man von den vielfachen Bemühungen verantwortungsbewusster Persönlichkeiten aller Sparten, den Menschen zu einer Bejahung des Lebens zu verhelfen und zu einer neuen Einstellung zur Gesundheit. Nicht die Behandlung Kranker sei die vordringlichste Aufgabe der Zukunft, sondern die Erhaltung der Gesundheit. Der Titel des Buches verweist auf das Ziel, Brücken zu bauen zum Leben, auch in seiner heutigen Gestalt. Das bedingt die aktive Mitarbeit jedes einzelnen. Es bedeutet körperlich und psychisch normales Verhalten, wie wir es zu erreichen trachten durch das typenrichtige Verhalten. Dies und die individuelle Atmung geben jenen Grad von Erholung und Entspannung, wie sie der gesunde Mensch braucht. Wir erleben es an unzähligen Patienten. Es war zwar nicht möglich, jedem zu erklären, warum er so atmen müsse oder warum dies Verhalten für ihn besser sei als vielleicht das entgegengesetzte Verhalten seines Partners, aber meist genügten einige Atemübungen oder Verhaltensratschläge, um den Betreffenden zu überzeugen, dass dies ein besonderer Weg sei. War er bereit, sich weiter einführen zu lassen, so folgte bald eine auffallende psychische Aufgeschlossenheit, auf der die weitere Therapie basieren konnte. Bei der Beschreibung der Übungsbehandlung war wiederholt der Hinweis gegeben worden, wie psychische Störungen zu Verspannungen führen und wie dieselben durch richtige Atmung, wie bei den Übungen, gelöst werden. Es war nicht nötig, nach den inneren Gründen psychischer Störungen zu fragen, sondern der Betreffende sah infolge seiner besseren Allgemeinverfassung von sich aus die Probleme klarer. Neuer Mut und Selbstvertrauen erlaubten eine andere Schau. Beispiele mögen es erläutern.

Eine Patientin, Mutter von drei Kindern, litt an depressiven Zuständen mit allen Zeichen vegetativen Versagens. Obwohl die sozialen Verhältnisse sehr gut waren und äußere Sorgen entfielen, war es zu beängstigenden Zuständen gekommen. Während der Behandlung fiel auf, dass die Patientin nur vom „Vater ihrer Kinder" sprach, nie von „ihrem Mann". Nach etwa 14 Tagen Übungsbehandlung und sehr gebessertem Allgemeinbefinden kam plötzlich in der Unterhaltung das Wort „mein Mann". Und dann berichtete sie von sich aus, dass ihr Mann sie bisher nach seinem Belieben wie eine Bedienstete behandelt habe. Jetzt habe sie erstmals bei einer Mahlzeit auf sein Kommando: „Hol mir das Salz" geantwortet: „Das kannst Du Dir selbst holen." Er habe sie völlig überrascht angeschaut, sei dann aber aufgestanden und habe das Salz geholt. Wenige Tage später kaufte er ihr das bis dahin immer verweigerte Auto, das sie nun auch äußerlich selbständig machte. Nach den Berechnungen hatten beide einen hohen Grad an lunarer Energie. Es trafen zwei Menschen mit hoher Empfindlichkeit ihres Ich zusammen. Sie hatte zur Aufrechterhaltung des ehelichen Friedens weitgehend auf ihre Ichhaftigkeit verzichtet und sich gefügt. Damit hatte sie aber ihre angeborene Natur verleugnet, sich selbst falsch dargestellt und den Mann irritiert. Nun standen sich beide gegenüber mit dem ihnen zugedachten Maß an Selbstbewusstsein. Sie wurde gesund und leistungsfähig. ☽

 In einem anderen Fall handelte es sich um ein älteres Ehepaar. Er war ein stark beanspruchter Frauenarzt. Die Ehe war seit Jahren gefährdet und nur der Kinder wegen aufrechterhalten. Es ging um dasselbe Problem. Die scheinbar nachgiebige sanfte Frau war wie ihr Mann mit hoher Energie als solarer Typ versehen. Auch sie hatte ihr starkes „Ich" verleugnet, und beide Ehepartner hatten ein hohes Maß an Verspannung erreicht. Sie erlernten gemeinsam die Übungen, erlebten die gegenseitigen Spannungen und Entspannungen und spürten das Verschwinden der Gereiztheit. Jeder anerkannte die Persönlichkeit des anderen. Es war auch hier kein Eingehen auf spezielle Eheprobleme notwendig.

Eine Patientin war bereits längere Zeit in Indien gewesen. Das Ehepaar hatte in Deutschland alles verkauft, um in Indien Heilung der Seele zu finden. Der Zustand der Frau war bedauernswert, sie war voller Ängste, mager, appetitlos, ausgezehrt – so wollten sie und ihr Mann wieder nach Indien starten, wo sie meinten, ihren Gott gefunden zu haben. Der Guru hatte ihr versichert, dass er nicht wie Gott sei, sondern er selbst sei Gott... Wir übten mit ihr, damit sie ihre Identität aus den Übungen mit Spannung und Entspannung wieder findet. Sie war begeistert, sah 20 Jahre jünger aus, nahm an Gewicht zu und fuhr dann – da hier alle Zelte abgebrochen waren – nach 5 Sitzungen mit ihrem Mann nach Indien, aber mit einem anderen Selbstvertrauen. Der Ehemann wurde auch behandelt. Die typenrichtige Haltung und Ernährung hatte sie seelisch wieder in die Balance gebracht. ☀

Wir sehen an diesen Beispielen und an dem folgenden, dass die Durchsetzungskraft und Energie abhängig sind von der bei der Geburt mitbekommenen Menge an Kräften von Sonne und Mond. In der Astrologie werden in der Abhängigkeit von Gestirnen Zusammenhänge gesucht, die Charaktereigenschaften und schicksalhafte Einwirkungen erklären möchten. Dazu will ich nicht Stellung nehmen, da es ein vielbesprochenes und viel kritisiertes Gebiet anderer Herkunft und Beweisführung ist. Umfangreiche Studien stammen von *Gauquelin* [6].

Wir wollen keine Charaktereigenschaften erkennen oder Schicksale voraussagen. Wir wissen aber, dass „Charakteranlagen" bestimmter Art durch die Berechnung erkannt werden können. So zeigte es sich, dass Menschen mit einem hohen Prozentsatz von Mond- und Sonnenenergie mehr intellektuell eingestellt sind. Sie beurteilen und planen nach realen Gesichtspunkten. Intellektuell sei hier nicht zu verwechseln mit intelligent, wie ich am vierten Beispiel erläutern möchte.

 Ingrid Sch., geb. 7.5.1950, war ein solarer Typ von 78 %. Sie war von Geburt geistig und leicht spastisch behindert. Da es vor 30 Jahren auf dem Lande noch an Möglichkeiten fehlte, ihr durch öffentliche Institutionen Hilfe angedeihen zu lassen, habe ich sie über Jahre persönlich betreut. Trotz ihrer geistigen Behinderung musste man sie als intellektuell betrachten, da emotionale Überzeugungsversuche nichts ausrichteten, wohl aber ihrem geistigen Horizont entsprechende Erklärungen. „Tu dies, weil ich mich dann freue" hatte keinen Erfolg, aber „Tu dies, weil das dann sauber aussieht", das fruchtete. Sie war, was Außenstehende nicht bemerkten, sehr empfindlich gegen Herabsetzung ihrer Persönlichkeit. Spürte sie, dass jemand sie nicht ernst nahm, so verstockte sie. In der Schule sprach sie über Jahre kein Wort, während sie in meinem Haus, wo wir ihr Zutrauen und Beachtung schenkten, viel erzählte und sogar kleine Aufsätze schrieb. Ihr Durchsetzungsvermögen war groß, allerdings nur auf wenige Möglichkeiten, wie passiven Widerstand, beschränkt.

Bei manchen Kindern tritt uns diese Widerstands- bzw. Durchsetzungskraft oft als eine Art „Bock" entgegen, dem mit Verstandesargumenten gut begegnet werden kann. Das stark ausgeprägte Ichbewusstsein lässt sie mimosenhaft erscheinen. Sie werden als sensibel bezeichnet, sind es aber nur in Bezug auf ihre Person. Der Realität des Lebens gegenüber sind sie sachlich und verstandesmäßig eingestellt. Was oft nicht gewusst wird, ist die Tatsache, dass – nicht nur – sie zu ihrer eigenen Entwicklung vor allem Klarheit im Verhalten der Erwachsenen brauchen, d. h. auch deren Ja- und Neinsagen, ohne dass die Beteiligten in einen gegenseitigen Machtkampf einsteigen. Nichts ist diesen Kindern unangenehmer als eine unklare Haltung der Eltern. Der Umgang mit solchen Kindern ist für jene Eltern nicht leicht, die sich selber nicht stark fühlen. Finden sie bei der Kraftprobe Partner, die klar sind und offen in ihren Wünschen, dann akzeptiert das Kind auch ein Nein der Eltern, und oft wendet es sich dem Erwachsenen mit Weichheit und Zärtlichkeit zu. Es ist in solchen Fällen oft von großer Hilfe, die Höhe der mitgebrachten Energie durch Berechnung zu kennen. Im Falle niedriger Energie müsste man ganz anders verfahren: Die Durchsetzungskraft ist geringer, weniger vom Verstand bestimmt als vom Gemüt. Hier ist eher liebevolles Reden am Platz, denn es zeigt sich eine Form des Widerstands, der man nur mit viel Geduld und Gefühl begegnen kann. Diese Menschen sind in der Regel ängstlicher. Ihr Gedeihen scheint am besten gewährleistet in vorgegebenen Bahnen ohne viele Ausnahmen.

Ordnung, Regelmäßigkeit und Konsequenz sind ihre Leitplanken. Ihre Intelligenz kann jedweden Grad haben, aber die intellektuelle Denkungsart ist zweitrangig. Durch Forderung von zuviel Eigenständigkeit sind sie schnell überfordert. In Gemeinschaften bewähren sie sich besser. Es fallen bei ihnen jene Hemmungen weg, die intellektuelle Überlegungen in Form von Vorsicht und Abwägung bringen. Oft sind sie tollkühner, weil unbefangener. Diese naturgegebenen Anlagen fordern uns zu Vergleichen auf mit den in der Astrologie erarbeiteten Zusammenhängen, insbesondere mit dem Buch „Mondphase und Psychologie" von Dr. *Ivan Slooten,* durch *Else Parker* [11] bearbeitet. Hierin sind lange und sorgfältig ausgearbeitete Tabellen mit den Geburtsdaten berühmter Persönlichkeiten zu finden und die Berechnung der Mondphase am Tag der Geburt. Die Forscher meinten, bei der Gruppierung nach bestimmten Mondphasen gruppengemeinsame Charaktereigenschaften zu finden. Diese Eigenschaften beziehen sich auf die Einstellung des Menschen zu seinen Mitmenschen: seine soziale Einstellung. Sie halten die Mondeinwirkung für die belangreichste kosmische Wirkung auf den menschlichen Charakter. Da in ihrer Beurteilung die Sonnenenergie keine Berücksichtigung findet, muss man nach unserer Erfahrung die Resultate zusätzlich auf die Einwirkung der Sonnenenergie prüfen.

Nun könnte man Zug um Zug die Betrachtungen dieses Buches auf die Beziehung beider Energien zueinander überprüfen. Das würde aber den Rahmen unserer Arbeit sprengen. Da die Forschungen der holländischen Wissenschaftler sich mit den Charaktereigenschaften und Schicksalen beschäftigen, ist für uns die Nachprüfung ihrer Resultate belanglos, weil es uns um *Anlagen* der Lebensgestaltung geht.

Die stärkere motorische Aktivität des *lunaren* Typs zeigt sich in der Sprechweise. Sie ist schnell, reaktionsfähig und lebendig. Der andere Typ dagegen sollte ruhig sprechen und langsam. Dann geht von seinen Worten eine große Beruhigung aus. So hört ein Typ dem anderen nicht gern beim Vorlesen zu. Er wird ungeduldig. Ich beobachtete das bei meinem gegenpolaren Sohn schon als Kleinkind, habe aber die Erklärung dann erst mit Hilfe der Typenlehre erfahren. Hier liegt eine häufige Ursache des Stotterns. In der Musik und ihrer Wirkung zeigen sich auch große Unterschiede. So ließen sich Säuglinge des *lunaren* Typs durch polyphone weiche Musik beruhigen, wie wir sie bei den meisten Wiegenliedern finden. Ein *solares* Kind reagiert beruhigt oder erfreut bei sehr rhythmischen Liedern mit starker Pointierung. Das Kinderlied „Hopp-Hopp-Hopp, Pferdchen lauf Galopp" wäre ein gutes Beispiel dafür. Diese Verschiedenartigkeit des musikalischen Empfindens kam mir gerade bei den spastischen Kindern sehr zugute. Sie lösten sich leichter, und die Rhythmik der Bewegung bei Gehversuchen fiel ihnen leichter.

20 Legasthenie

Sie ist ein immer mehr erweiterter Begriff geworden. Eine Stellungnahme dazu ist darum sehr erschwert. Ich möchte an einem Beispiel unsere Gesichtspunkte erläutern.

 Wolfgang und Hubertus F., geb. 18.12.1952, waren Zwillinge vom lunaren Typ. Sie gediehen prächtig und waren fröhlich und normal. Doch dann begann die Schule, und für die beiden begann ein unerwartetes Martyrium. Sie wurden nach der Ganzheitsmethode unterrichtet und versagten mehr und mehr. Die Ganzheitsmethode geht nicht synthetisch aufbauend vor, sondern das Kind erlernt einen ganzen Satz, den es nachträglich zu analysieren hat. Es spielt hier das Erfassen eines Satzes vom Auge her eine große Rolle. Das Auge liegt beim lunaren Typ in einer wenig durchbluteten Zone, anders als bei dem solaren Typ mit der Warmzone Gesicht. Spüren Kinder bereits in den ersten Schulwochen, dass andere schneller sind, so setzen Enttäuschung und Unbehagen ein, verbunden mit zunehmender Frustration. Diese beiden standen im 4. Schuljahr auf der Liste derjenigen, die zur Sonderschule sollten. Sie grimassierten, störten den Unterricht und waren seelisch verstört. Kurz vor der angedrohten Umschulung nahmen wir sie in Behandlung. Sie wurden zunächst durch die Übungsbehandlung entspannt, so dass das Grimassieren und die seelische Verstörtheit aufhörten. Dann wurde gewissermaßen das Lernpensum vom Schulbeginn an systematisch in synthetischer Lernweise aufgebaut. Das Verdrehen der Buchstaben hörte auf. Es sind dies inzwischen bekannte Erscheinungen, die ich hier nicht näher ausführen muss. Die in drei Jahren durch Rückstand im Lesen entstandenen Wissensmängel wurden aufgeholt, und nach einem Vierteljahr kamen sie zurück auf die Normalschule. Danach reibungslose Schulzeit. Beide hatten gute Abschlusszeugnisse in der Schule und in der beruflichen Ausbildung. Sie erfreuten durch ihr freundliches, aufgeschlossenes Wesen. Hubertus hielt die Abschlussrede beim Schulabgang. 🌙

Diese Schwierigkeiten sahen wir nie bei den *solarere* Typen. Warum nicht alle *lunaren* Kinder unter der Ganzheitsmethode leiden, ist eine offene Frage. Von der Begabung an sich ist dies nicht abhängig. Wir rieten den Müttern der *lunaren* Kinder, diesen bereits vor der Schule das Lesen so weit beizubringen, dass es nicht zu dem schrecklichen Unterlegenheitsgefühl bei ihren Kindern kommen sollte.

21 Grenzen der Lehre

Wie schön wäre der Gedanke, es gäbe etwas, das alles und jedem und zu jeder Zeit helfen könnte! Aber eine Hybris ohnegleichen würde daraus erwachsen, ein undenkbarer Übermut. Nein, auch die uns zunächst überwältigende Gesetzmäßigkeit stößt an ihre Grenzen, und die noch so oft ans Wunderbare grenzenden Erfolge dürfen uns nicht vergessen lassen, dass wir in der Anwendung und Ausnutzung auch naturgesetzlicher Gegebenheiten keine Götter sind und unserem Tun immer Grenzen gesetzt sind. Im Tun am Menschen sind es viele Fakten, die nicht übersehen werden dürfen wie Erbanlagen, Klima, Zivilisationsbedingtheiten, gewaltsame Veränderungen des menschlichen Organismus wie Unfälle, Krankheiten, Operationen, ferner Veränderungen des normalen Lebensablaufes durch Kriege, Naturkatastrophen, Schicksale.

Die oft mangelnde Bereitschaft des einzelnen, sich helfen zu lassen, oder die voreilige Kritik vieler bereits vor dem Kennen lernen einer neuen Erkenntnis sind schwere Hindernisse. Dazu kommt die Schwierigkeit des Lehrens, die viel Einfühlungsvermögen voraussetzt. Es wäre kein Problem, durch Computer die Typenzugehörigkeit für jeden einzelnen zu errechnen, und damit ließe sich die Belehrung über das allgemeine typenrichtige Verhalten möglich machen. Wie weit der Mensch als ein Wesen mit freiem Willen sich an diesen Empfehlungen orientieren würde, wäre dessen eigene Sache. Aber vielfach wird die richtige Anwendung der Lehren individuelle Anleitung benötigen, um Spannungen oder Spannungsmangel beheben zu können. Sicher würden sich mit der Zeit Personen finden, die ein genügendes Einfühlungsvermögen und geschulten Blick besitzen oder erwerben, um als Lehrende zu wirken. Es würde dann von den Lernenden Gesundheitswille und Konsequenz notwendig sein, Tugenden, die nicht bei jedem Menschen vorauszusetzen sind.

Würde aber bereits der Säugling richtig ernährt und richtig gelagert und sein motorisches Verhalten nach seinem Typ unterstützt, so ließen sich manche Krankheiten vermeiden. Eine Mutter würde wissen, dass ihre Kinder nicht unbedingt in der gleichen Weise geführt werden dürfen. Die Lehrer könnten erkennen, dass die motorische Unruhe des einen Schülers als natürlicher Bewegungsdrang aufzufassen ist, während sie bei dem anderen eine Überspannung darstellt. Die Erholungsverschickungen könnten typenrichtig erfolgen und somit bessere Erfolge erzielen. Die Berufsberater würden wissen, wem sie einen bewegungsarmen und wem einen bewegungsreichen Beruf empfehlen sollten. So viel hinge von der Befriedigung im Berufsleben davon ab. Wenn die Industrie wüsste, dass nicht die gleiche Sitzart für jeden richtig ist und es neben hochhackigen Schuhen auch niedrige Hackenschuhe geben müsste, und wenn im Sport berücksichtigt würde, dass nicht jede Sportart für jeden geeignet ist, dann... Kurzum, die Grenzen dieser Lehre könnten weiter und weiter mit der Anwendung auf allen Gebieten des Lebens gesteckt werden. Neue Impulse und Erkenntnisse könnten helfen, Umwege bei der Heilung von Krankheiten und Leiden zu vermeiden. Es gibt viele Möglichkeiten und Wege im einzelnen und in der Gesamtheit zu helfen, denn mit dieser Lehre eröffnet sich trotz ihrer Grenzen ein unendliches Feld neuer Erkenntnisse.

22 Einige kulturgeschichtliche Betrachtungen

Die Zivilisation ermöglicht Lebensbedingungen, die ausgleichend auf die entgegengesetzten Lebensvoraussetzungen beider Typen wirken. Wie aber war es in alten Zeiten? Es gab keine Zentralheizung gegen feuchte, kalte Luft, es gab auch keine Klimaanlage gegen trockene Hitze. Zur Ernährung kamen nicht die Transporte aus aller Herren Länder mit Auto, Bahn oder Flugzeug. Die sich durch Jagd ernährenden Völker des Nordens waren Nomaden auch dann noch, als die südlichen Völker schon sesshaft waren und sich von Früchten ernähren konnten. So ist anzunehmen, dass die Überlebenschancen für den *lunaren* Typ im Norden größer waren, während im Süden der *solare* Typ der lebensstärkere war. Der *lunare* Mensch kniet nicht gern, so war seine Gebetshaltung die mit erhobenen Händen mit nach oben gerichtetem Blick.

Die Malerei zeigt uns dies. Der südliche *solare* Mensch hat die kniende, mit dem Blick nach unten geneigte Gebetshaltung, sowohl in den katholischen Gebräuchen als auch beim Islam.

Als ich kürzlich mit einem Mohammedaner die Übungen machte, begriff er sie überraschend schnell und war begeistert von ihrer Ähnlichkeit mit mohammedanischen Verhaltensweisen. Er war ein *solarer* Typ.

Die Kirchenbauweise macht dem *lunaren* Typ den Blick nach oben interessant (siehe die gotischen Dome), die Alhambra zeigt flache Dimensionen.

Wo haben wir in den rituellen Tänzen das Schwingen der Hüften mit dem bewegungsfreudigen Becken? Wo die dazugehörige rhythmische Musik? Es sind die Angehörigen der Religionen der heißen Länder, die dies pflegten. Und wo finden wir die größere Farbenpracht bei religiösen Zeremonien? Nicht im Norden Europas, wo man annehmen sollte, der Mensch würde sich die sonnenärmere, grauere Welt mit vielen Farben verschönern wollen. Nein, die mehr vom Auge lebenden *solaren* Menschen breiteten in Kirchen und Zeremonien Farbe und Glanz aus. Im Norden wurde der Gottesdienst immer farbloser und bestimmt vom Hören des gesprochenen Wortes oder des Kirchengesanges, denn das Hören liegt dem *lunaren* Typ mehr. Das Gehör liegt bei ihm in der Warmzone.

Es wäre interessant, die kulturgeschichtliche Entwicklung der Völker trotz vieler Betrachtungsweisen nun einmal auf diese naturgegebenen Einwirkungen hin zu überprüfen. Dies sei eine Anregung dazu.

23 Schlussbetrachtung

Die Naturgesetze, die diesem Buch zugrunde liegen, gelten für die ganze belebte Natur. Ich musste mich beschränken auf meine Erfahrungen am Menschen. Würde dem Gehör geschenkt, so öffnete sich für die Wissenschaft ein unerhörtes Forschungspotential. Einmal wurde mir geantwortet: „Dies ist mir zu einfach." Vielleicht ist es zu einfach, um in dieser Welt kompliziertesten Denkens angenommen zu werden und erweckt darum von vornherein Misstrauen bezüglich seiner Glaubwürdigkeit. Eher ist man bereit, sich mit dem zu befassen, was „*man* tut oder nicht tut." Das Klischeedenken dieser Art ist einfacher und bequemer. Aber es enthält eine allgemeine Anonymität und ist somit verantwortungsloses Denken.

Es kann ersetzt werden durch individuelles Denken mit individueller Verantwortung für das große Geschenk des Daseins und Verpflichtung zum Gesundsein.

Einmal findet jeder lebendige Anteil dieser Erde sein materielles Ende im Tod, wo es keine Resonanz mehr auf die kosmischen Energien gibt, die zur Lebenserhaltung dienen. Aber sicher ist, dass diese „entkräftete" Materie von neuem mit Energie zu einer neuen Daseinsform beladen wird.

Mögen die Kritiker dieses Buches vorurteilsfrei und objektiv bleiben. Die Erfahrung an sich selbst ist der sicherste Weg dazu.

Zum Schluss die Namensfindung im Sinne der heutigen Abkürzungstendenz zur Benennung der Typenlehre: „*TerLuSol*" aus der kosmischen Dreiheit „*Ter*ra, *Lu*na, *Sol*". So entstand der Name Terlusollogie.

Wenn ich zurückblicke, so erinnere ich mich an die Zeit mit der Familie Asotow in Australien, bei der ich für meine Studien mehrmals wohnen durfte.

Bei meiner letzten Ankunft fand ich Herrn Asotow in einem sehr schlechten gesundheitlichen Zustand vor. Nach einem Herzinfarkt mit Intensivbehandlung machte er einen geschwächten und elenden Eindruck. Trotzdem unternahm er mit uns eine Ausflugsfahrt. In der Nacht verstärkten sich seine Beschwerden beträchtlich. Da ich die Berechnung seines Typs machen konnte, bot ich meine Hilfe an und begann umgehend mit der lunaren Atmung. Weiterhin legte ich um die Herzgegend warme Umschläge auf, eine Maßnahme, die für jedes Herz dieses Typs eine Wohltat ist. Nach dieser Behandlung war er in der Lage, mit uns die Rückreise anzutreten. Zuhause begann ich mit der systematischen lunaren Übungsbehandlung. Er erhielt lunare Kost, Kaffe war absolut kontraindiziert, er musste viel liegen oder Spaziergänge machen. Unter meiner Anleitung führte er die Übungen zweimal am Tag durch. Bereits nach kurzer Zeit zeigte sich eine grundlegende Besserung seines Gesundheitszustandes. Herr Asotow war von meiner Behandlung so beeindruckt, dass er sich von nun an mit seiner ganzen Kraft für diese Therapieform einsetzte.

Herr Asotow, von Hause aus Physiker, war aufgrund politischer Verfolgung aus Russland geflohen und über Österreich nach Australien eingewandert. Nachdem er zuerst mit seiner Frau ein physikalisch-chemisches Labor betrieben hatte, half er später bei der Erschließung der nordaustralischen Bergwerke.

Zudem durchforstete er jetzt die Universitätsbibliothek von Perth nach Hinweisen auf die von mir angewandte neue Typenlehre. Leider fand er nichts, aber in der Ballettschule seiner Tochter konnten wir beobachten, dass schon die Kleinsten beim Hüpfenlernen je nach Typ *lunar* mit dem rechten Bein begannen, *solar* das linke nahmen – als das Kraftbein des jeweiligen Typs, den wir sorgfältig berechnet hatten.

Es zeigt sich einwandfrei unter den entgegengesetzten Sonnenverhältnissen, dass alle Typenberechnungen nur nach Geburtsland (Hemisphäre) und Datum ausgerechnet werden mussten, um mit Sicherheit erfolgreich typengerecht arbeiten zu können.

Herrn Asotows Tochter stellte dann ein Büchlein [10] mit 2 Berechnungstabellen zusammen, eine für die nördliche und eine für die südliche Hemisphäre, die dann später meinem Buch angefügt wurden. Für die Neuauflage haben wir uns allerdings entschlossen, nur noch die Berechnungstabelle für die nördliche Hemisphäre abzudrucken (s. S. 95 ff.).

Literaturverzeichnis

[1] *Beckmann, Peter:* Brücke zum Leben. Chr. Belser Verlag, Stuttgart 1963.

[2] *Broadbent, Donald E.:* Division of Function and Integration of Behavior. The Neuro-Science-Third Study Program. MIT Press, Cambridge 1974.

[3] *Brown:* zitiert nach *Gauquelin* a.a.O. S. 13.

[4] *Eccles, John C.:* Hirn und Bewußtsein. Mannheimer Forum 77/78, Panorama der Wissenschaften. Boehringer Mannheim.

[5] *Ganong, W. F.:* Medizinische Physiologie. Springer Verlag, Berlin.

[6] *Gauquelin, Michael:* The Cosmic Clocks. Henry Requery Company USA. Peter Oven, London 1969.
–: Die Uhren des Kosmos gehen anders. Augsburger Druck und Verlagshaus, 1975.

[7] *Hartmann, Ernst:* Krankheit als Standortproblem. Karl F. Haug Verlag, Heidelberg 1976.

[8] *Jonas, Eugen:* Predetermining the Sex of a Child. 1968.

[9] *Krüger, Albrecht:* The Physiological Significance of Positive and Negative Ionisation of the Atmosphere. Mans Dependence on the Earthly Athmosphere. New York 1962.

[10] *Norris, Irina:* Are We All the Same? Alpha Print Pty Ltd. 175 Hay Street, East Perth, W. Australia 1983.

[11] *Parker, Else:* Moon-Phase Psychology. Veen-Digever, Amersfoort (Nederland) 1950.

[12] *Piccardi, Giorgio:* zitiert nach *Gauquelin* a.a.O. S. 196, 197.

[13] *Rensing, Ludger:* Biologische Rhythmen und Regulation. G. Fischer Verlag, Stuttgart 1973.

[14] *Schäfer-Schulmeyer:* Die Lateralitätsveranlagung beim Menschen als Naturgesetz und dessen phänomenale Auswirkungen durch einen hierdurch bewirkten individuellen Rhythmus. In: Erfahrungsheilkunde 1977/1.

[15] *Sperry, R. W.:* Lateral Specialisation in the Surqecally Separated Hemisphere. Neuro-Science-Third Study Program. MIT Press, Cambridge 1973.

[16] *Wilerth, John Steen:* The Senses of Man. Thomas J. Cromwell Company, New York.

[17] *Wilk, Erich:* Typenlehre. Magnetismus. Charakter und Gesundheit. Verlag Dr. Francis Ising, Minden/Westfalen 1949.

[18] *Hagena, Christian*: Grundlagen der Terlusollogie. Praktische Anwendung eines bipolaren Konstitutionsmodells. Haug, Heidelberg 2000.

Anhang

Berechnungstabellen

Die Berechnung des Typs nach *Irina Norris* [10]. Nach Lesen des Buches wird jeder begierig sein, seinen Typ zu erfahren. Wie bereits im dritten Kapitel erörtert, soll hier die Tabelle von Irina Norris beigefügt werden, die ein schnelles Nachsehen ermöglicht. Wir sehen aus ihr, dass es nicht immer leicht ist, den Typ eindeutig zu erkennen, da zwischen Mond- und Sonnenkraft zur eindeutigen Bestimmung mindestens ein Mondtag (6,6 %) liegen sollte. Es gibt genauere Möglichkeiten der Berechnung, wie sie bei astrologischen Berechnungen möglich ist. Und es gibt eine Möglichkeit der Austestung über Verhaltensweisen, die aber viel Erfahrung erfordert. So ist mit der 3. Spalte – der Fragezeichenspalte – eine notwendige Vorsicht eingebaut, die man respektieren sollte.

Bei der Berechnung des Typs sollte man die Angabe des Geburtsdatums sehr sorgfältig prüfen und wissen, in welchem Teil der Erde die Geburt erfolgte, z. B. nördlich oder südlich des jeweiligen Wendekreises oder gar in Polar- oder Äquatornähe, wo der Sonnenstand verschieden ist. Bedenken sollte man bei Geburtsangaben auch Ungenauigkeiten und Kalenderverschiedenheiten. Ich nenne hier zum Beispiel den gregorianischen Kalender. Auch die Ost-West-Zeitdifferenzen können eine Rolle spielen.

Will man eine Therapie aufbauen, sollte mit größter Korrektheit vorgegangen werden.

Dem Buch „Grundlagen der Terlusollogie" [18] liegt eine CD-ROM zur Berechnung des Atemtypus bei. Mit ihr ist es möglich, auch die Prozente von Sonne und Mond zum jeweiligen Geburtsdatum zu erhalten.

Nördliche Hemisphäre (Lu = Lunar; So = Solar)

Jahre: 1900, 1919, 1938, 1957, 1976, 1995 ...
und alle folgenden 19 Jahre

Januar	5-26 = Lu	29-31 = So	1-4, 27, 28 ?
Februar	6-23 = Lu	1, 2, 26-29 = So	3-5, 24, 25 ?
März	10-22 = Lu	1-6, 25-31 = So	7-9, 23, 24 ?
April	11-18 = Lu	1-7, 22-30 = So	8-10, 19-21 ?
Mai	13-16 = Lu	1-10, 19-31 = So	11, 12, 17, 18 ?
Juni		1-10, 15-30 = So	11-14 ?
Juli	13 = Lu	1-9, 16-31 = So	10-12, 14, 15 ?
August	9-13 = Lu	1-5, 17-31 = So	6-8, 14-16 ?
September	5-15 = Lu	1, 2, 18-29 = So	3, 4, 16, 17, 30 ?
Oktober	2-16, 29-31 = Lu	20-26 = So	1, 17-19, 27, 28 ?
November	1-17, 26-30 = Lu	21-23 = So	18-20, 24, 25 ?
Dezember	1-20, 24-31 = Lu		21-23 ?

Jahre: 1901, 1920, 1939, 1958, 1977, 1996 ...
und alle folgenden 19 Jahre

Januar	1-16, 25-31 = Lu	20-22 = So	17-19, 23, 24 ?
Februar	1-13, 26-29 = Lu	16-22 = So	14, 15, 23-25 ?
März	1-11, 29-31 = Lu	14-26 = So	12, 13, 27, 28 ?
April	1-7 = Lu	11-26 = So	8-10, 27-30 ?
Mai	1-5 = Lu	8-28 = So	6, 7, 29-31 ?
Juni	1 = Lu	4-28 = So	2, 3, 29, 30 ?
Juli	1, 29-31 = Lu	4-26 = So	2, 3, 27, 28 ?
August	1, 25-31 = Lu	5-22 = So	2-4, 23, 24 ?
September	1, 2, 22-30 = Lu	5-19 = So	3, 4, 20, 21 ?
Oktober	1-4, 19-31 = Lu	8-16 = So	5-7, 17, 18 ?
November	1-5, 15-30 = Lu	8-12 = So	6, 7, 13, 14 ?
Dezember	1-7, 12-31 = Lu		8-11 ?

Nördliche Hemisphäre   (Lu = Lunar; So = Solar)

Jahre: 1902, 1921, 1940, 1959, 1978, 1997 …
und alle folgenden 19 Jahre

Januar	1-6, 13-31 = Lu	9 = So	7, 8, 10-12 ?
Februar	1-3, 14-29 = Lu	6-10 = So	4, 5, 11-13 ?
März	1, 18-28 = Lu	4-14 = So	2, 3, 15-17, 29-31 ?
April	19-26 = Lu	1-15, 29, 30 = So	16-18, 27, 28 ?
Mai	20-22 = Lu	1-17, 26-31 = So	18, 19, 23-25 ?
Juni		1-18, 22-30 = So	19-21 ?
Juli	19-21 = Lu	1-16, 24-31 = So	17, 18, 22, 23 ?
August	15-21 = Lu	1-12, 25-31 = So	13, 14, 22-24 ?
September	12-22 = Lu	1-8, 26-30 = So	9-11, 23-25 ?
Oktober	9-24 = Lu	1-6, 27-31 = So	7, 8, 25, 26 ?
November	5-25 = Lu	1, 2, 29, 30 = So	3, 4, 26-28 ?
Dezember	3-27 = Lu		1, 2, 28-31 ?

Jahre: 1903, 1922, 1941, 1960, 1979, 1998 …
und alle folgenden 19 Jahre

Januar	1-23 = Lu	26-29 = So	24, 25, 30, 31 ?
Februar	1-19 = Lu	23-29 = So	20-22 ?
März	6-19 = Lu	1, 2, 22-31 = So	3-5, 20, 21 ?
April	7-15 = Lu	1-3, 19-30 = So	4-6, 16-18 ?
Mai	9-13 = Lu	1-6, 16-31 = So	7, 8, 14, 15 ?
Juni	9 = Lu	1-6, 12-30 = So	7, 8, 10, 11 ?
Juli	9 = Lu	1-6, 13-31 = So	7, 8, 10-12 ?
August	5-9 = Lu	1, 2, 13-30 = So	3, 4, 10-12, 31 ?
September	2-11, 29, 30 = Lu	15-26 = So	1, 12-14, 27, 28 ?
Oktober	1-13, 26-31 = Lu	16-23 = So	14, 15, 24, 25 ?
November	1-13, 22-30 = Lu	17-19 = So	14-16, 20, 21 ?
Dezember	1-16, 20-31 = Lu		17-19 ?

Jahre: 1904, 1923, 1942, 1961, 1980, 1999 …
und alle folgenden 19 Jahre

Januar	1-14, 21-31 = Lu	17, 18 = So	15, 16, 19, 20 ?
Februar	1-9, 23-29 = Lu	13-18 = So	10-12, 19-22 ?
März	1-9, 27-31 = Lu	12-23 = So	10, 11, 24-26 ?
April	1-6, 28-30 = Lu	9-24 = So	7, 8, 25-27 ?
Mai	1, 2, 30 = Lu	6-26 = So	3-5, 27-29, 31 ?
Juni		3-26 = So	1, 2, 27-30 ?
Juli	26-28 = Lu	1-23 = So	24, 25, 29-31 ?
August	23-30 = Lu	1-20 = So	21, 22, 31 ?
September	19-30 = Lu	3-16 = So	1, 2, 17, 18 ?
Oktober	1, 2, 17-31 = Lu	5-14 = So	3, 4, 15, 16 ?
November	1, 2, 13-30 = Lu	6-10 = So	3-5, 11, 12 ?
Dezember	1-5, 11-31 = Lu	8 = So	6, 7, 9, 10 ?

Jahre: 1905, 1924, 1943, 1962, 1981, 2000 …
und alle folgenden 19 Jahre

Januar	1-3, 10-31 = Lu	6 = So	4, 5, 7-9 ?
Februar	11-27 = Lu	3-7 = So	1, 2, 8-10, 28, 29 ?
März	14-26 = Lu	1-10, 29-31 = So	11-13, 27, 28 ?
April	15-22 = Lu	1-12, 26-30 = So	13, 14, 23-25 ?
Mai	17-19 = Lu	1-13, 22-31 = So	14-16, 20, 21 ?
Juni		1-15, 19-30 = So	16-18 ?
Juli	16, 17 = Lu	1-13, 20-31 = So	14, 15, 18, 19 ?
August	12-17 = Lu	1-9, 21-31 = So	10, 11, 18-20 ?
September	9-19 = Lu	1-6, 23-30 = So	7, 8, 20-22 ?
Oktober	6-21 = Lu	1, 2, 25-30 = So	3-5, 22-24, 31 ?
November	2-22, 29, 30 = Lu	26 = So	1, 23-25, 27, 28 ?
Dezember	1-24, 28-31 = Lu		25-27 ?

Nördliche Hemisphäre

Jahre: 1906, 1925, 1944, 1963, 1982, 2001 …
und alle folgenden 19 Jahre

Januar	1-20, 29-31 = Lu	23-25 = So	21, 22, 26-28 ?
Februar	1-17 = Lu	21-27 = So	18-20, 28, 29 ?
März	3-15 = Lu	19-31 = So	1, 2, 16-18 ?
April	4-13 = Lu	16-30 = So	1-3, 14, 15 ?
Mai	6-10 = Lu	1, 2, 13-31 = So	3-5, 11, 12 ?
Juni	6 = Lu	1-3, 9-30 = So	4, 5, 7, 8 ?
Juli	6 = Lu	1-3, 9-30 = So	4, 5, 7, 8, 31 ?
August	3-6, 30, 31 = Lu	10-26 = So	1, 2, 7-9, 27-29 ?
September	1-7, 27-30 = Lu	11-23 = So	8-10, 24-26 ?
Oktober	1-9, 23-31 = Lu	13-20 = So	10-12, 21, 22 ?
November	1-10, 20-30 = Lu	14-17 = So	11-13, 18, 19 ?
Dezember	1-12, 18-31 = Lu	15 = So	13, 14, 16, 17 ?

Jahre: 1907, 1926, 1945, 1964, 1983, 2002 …
und alle folgenden 19 Jahre

Januar	1-11, 17-31 = Lu	14 = So	12, 13, 15, 16 ?
Februar	1-6, 19-29 = Lu	10-15 = So	7-9, 16-18 ?
März	1-6, 23-31 = Lu	9-19 = So	7, 8, 20-22 ?
April	1, 2, 25-30 = Lu	6-21 = So	3-5, 22-24 ?
Mai	26, 27 = Lu	4-23, 30, 31 = So	1-3, 24, 25, 28, 29 ?
Juni		1-23, 27-30 = So	24-26 ?
Juli	24-26 = Lu	1-21, 29-31 = So	22, 23, 27, 28 ?
August	20-27 = Lu	1-17, 30, 31 = So	18, 19, 28, 29 ?
September	16-27 = Lu	1-13 = So	14, 15, 28-30 ?
Oktober	14-30 = Lu	1-10 = So	11-13, 31 ?
November	10-30 = Lu	3-7 = So	1, 2, 8, 9 ?
Dezember	1, 8-31 = Lu		2-7 ?

Jahre: 1908, 1927, 1946, 1965, 1984, 2003 ...
und alle folgenden 19 Jahre

Januar	6-28 = Lu	3, 31 = So	1, 2, 4, 5, 29, 30 ?
Februar	8-24 = Lu	1-4, 27-29 = So	5-7, 25, 26 ?
März	12-23 = Lu	1-8, 27-31 = So	9-11, 24-26 ?
April	13-20 = Lu	1-9, 23-30 = So	10-13, 21, 22 ?
Mai	15-17 = Lu	1-11, 20-31 = So	12-14, 18, 19 ?
Juni		1-13, 17-30 = So	14-16 ?
Juli	14 = Lu	1-10, 18-31 = So	11-13, 15-17 ?
August	11-16 = Lu	1-7, 19-31 = So	8-10, 17-18 ?
September	7-16 = Lu	1-3, 20-30 = So	4-6, 17-19 ?
Oktober	3-18, 31 = Lu	22-28 = So	1, 2, 19-21, 29, 30 ?
November	1-19, 28-30 = Lu	23, 24 = So	20-22, 25-27 ?
Dezember	1-22, 26-31 = Lu		23-25 ?

Jahre: 1909, 1928, 1947, 1966, 1985, 2004 ...
und alle folgenden 19 Jahre

Januar	1-18, 26-31 = Lu	21-31 = So	19, 20, 24, 25 ?
Februar	1-14, 28, 29 = Lu	18-25 = So	15-17, 26, 27 ?
März	1-12, 31 = Lu	16-27 = So	13-15, 28-30 ?
April	1-9 = Lu	12-29 = So	10, 11, 30 ?
Mai	3-6 = Lu	9-31 = So	1, 2, 7, 8 ?
Juni	3 = Lu	6-30 = So	1, 2, 4, 5 ?
Juli	3, 30, 31 = Lu	6-27 = So	1, 2, 4, 5, 28, 29 ?
August	1, 2, 27-31 = Lu	6-23 = So	3-5, 24-26 ?
September	1-4, 23-30 = Lu	8-19 = So	5-7, 20-22 ?
Oktober	1-5, 20-31 = Lu	9-17 = So	6-8, 18, 19 ?
November	1-7, 17-30 = Lu	10-14 = So	8, 9, 15, 16 ?
Dezember	1-9, 14-31 = Lu		10-13 ?

Nördliche Hemisphäre

Jahre: 1910, 1929, 1948, 1967, 1986, 2005 …
und alle folgenden 19 Jahre

Januar	1-8, 14-31 = Lu	11 = So	9, 10, 12, 13 ?
Februar	1-3, 15-29 = Lu	7-12 = So	4-6, 13, 14 ?
März	1-3, 20-30 = Lu	6-16 = So	4, 5, 17-19, 31 ?
April	20-26 = Lu	2-17, 29, 30 = So	1, 18, 19, 27, 28 ?
Mai	23, 24 = Lu	1-19, 27-31 = So	20-22, 25, 26 ?
Juni		1-20, 24-30 = So	21-23 ?
Juli	20-22 = Lu	1-17, 25-31 = So	18, 19, 23, 24 ?
August	17-23 = Lu	1-14, 26-31 = So	15, 16, 24, 25 ?
September	13-24 = Lu	1-10, 27-30 = So	11, 12, 25, 26 ?
Oktober	10-26 = Lu	1-7, 29-31 = So	8, 9, 27, 28 ?
November	7-27 = Lu	1-4 = So	5, 6, 28-30 ?
Dezember	4-28 = Lu		1-3, 29-31 ?

Jahre: 1911, 1930, 1949, 1968, 1987, 2006 …
und alle folgenden 19 Jahre

Januar	3-24 = Lu	28-31 = So	1, 2, 25-27 ?
Februar	3-21 = Lu	24-29 = So	1, 2, 22, 23 ?
März	8-20 = Lu	1-4, 23-31 = So	5-7, 21, 22 ?
April	9-17 = Lu	1-6, 20-30 = So	7, 8, 18, 19 ?
Mai	10-14 = Lu	1-7, 17-31 = So	8, 9, 15, 16 ?
Juni		1-8, 13-30 = So	9-12 ?
Juli	10 = Lu	1-7, 14-31 = So	8, 9, 11-13 ?
August	7-12 = Lu	1-4, 15-31 = So	5, 6, 13, 14 ?
September	4-13, 30 = Lu	16-27 = So	1-3, 14, 15, 28, 29 ?
Oktober	1-14, 28-31 = Lu	18-24 = So	15-17, 25-27 ?
November	1-16, 24-30 = Lu	19-21 = So	17, 18, 22, 23 ?
Dezember	1-18, 22-31 = Lu		19-21 ?

Nördliche Hemisphäre

Jahre: 1912, 1931, 1950, 1969, 1988, 2007 ...
und alle folgenden 19 Jahre

Januar	1-15, 23-31 = Lu	18-20 = So	16, 17, 21, 22 ?
Februar	1-12, 25-29 = Lu	15-21 = So	13, 14, 22-24 ?
März	1-10, 27-31 = Lu	13-24 = So	11, 12, 25, 26 ?
April	1-6, 28-30 = Lu	9-25 = So	7, 8, 26, 27 ?
Mai	1-3, 30 = Lu	6-27 = So	4, 5, 28, 29, 31 ?
Juni		3-27 = So	1, 2, 28-30 ?
Juli	28-30 = Lu	2-25 = So	1, 26, 27, 31 ?
August	24-31 = Lu	3-20 = So	1, 2, 21-23 ?
September	21-30 = Lu	4-17 = So	1-3, 18-20 ?
Oktober	1, 2, 18-31 = Lu	6-14 = So	3-5, 15-17 ?
November	1-5, 14-30 = Lu	8-11 = So	6, 7, 12, 13 ?
Dezember	1-5, 12-31 = Lu	8 = So	6, 7, 9-11 ?

Jahre: 1913, 1932, 1951, 1970, 1989, 2008 ...
und alle folgenden 19 Jahre

Januar	1-4, 10-31 = Lu	7 = So	5, 6, 8, 9 ?
Februar	1, 12-29 = Lu	4-8 = So	2, 3, 9-11 ?
März	16-27 = Lu	4-13, 30, 31 = So	1-3, 14, 15, 28, 29 ?
April	17-23 = Lu	1-13, 27-30 = So	14-16, 24-26 ?
Mai	19-21 = Lu	1-16, 24-31 = So	17, 18, 22, 23 ?
Juni		1-16, 20-30 = So	17-19 ?
Juli	18, 19 = Lu	1-15, 22-31 = So	16, 17, 20, 21 ?
August	14-29 = Lu	1-11, 23-31 = So	12, 13, 20-22 ?
September	10-21 = Lu	1-7, 24-30 = So	8, 9, 22, 23 ?
Oktober	7-23 = Lu	1-4, 26-31 = So	5, 6, 24, 25 ?
November	4-24 = Lu	1, 28 = So	2, 3, 25-27, 29, 30 ?
Dezember	2-25, 30, 31 = Lu		1, 26-29 ?

Nördliche Hemisphäre

Jahre: 1914, 1933, 1952, 1971, 1990, 2009 …
und alle folgenden 19 Jahre

Januar	1-21, 31 = Lu	25-27 = So	22-24, 28-30 ?
Februar	1-20 = Lu	23-29 = So	21, 22 ?
März	4-18 = Lu	1, 21-31 = So	2, 3, 19, 20 ?
April	5-15 = Lu	1, 2, 18-30 = So	3, 4, 16, 17 ?
Mai	17-11 = Lu	1-4, 14-31 = So	5, 6, 12, 13 ?
Juni	8 = Lu	1-5, 11-30 = So	6, 7, 9, 10 ?
Juli	7 = Lu	1-4, 10-31 = So	5, 6, 8, 9 ?
August	4-8 = Lu	1, 12-28 = So	2, 3, 9-11, 29, 30 ?
September	1-9, 28-30 = Lu	12-24 = So	10, 11, 25-27 ?
Oktober	1-12, 25-31 = Lu	15-22 = So	13, 14, 23, 24 ?
November	1-12, 21-30 = Lu	16-18 = So	13-15, 19, 20 ?
Dezember	1-15, 19-31 = Lu		16-18 ?

Jahre: 1915, 1934, 1953, 1972, 1991, 2010 …
und alle folgenden 19 Jahre

Januar	1-12, 19-31 = Lu	15, 16 = So	13, 14, 17, 18 ?
Februar	1-8, 21-29 = Lu	11-17 = So	9, 10, 18-20 ?
März	1-7, 26-31 = Lu	11-21 = So	8-10, 22-25 ?
April	1-4, 26-30 = Lu	7-23 = So	5, 6, 24, 25 ?
Mai	1, 2, 28 = Lu	5-25, 31 = So	3, 4, 26, 27, 29, 30 ?
Juni		1-25, 30 = So	26-29 ?
Juli	25-28 = Lu	1-22, 31 = So	23, 24, 29, 30 ?
August	21-28 = Lu	1-18 = So	19, 20, 29-31 ?
September	18-30 = Lu	1-15 = So	16, 17 ?
Oktober	15-31 = Lu	3-12 = So	1, 2, 13, 14 ?
November	1, 12-30 = Lu	5-9 = So	2-4, 10, 11 ?
Dezember	1-3, 9-31 = Lu		4-8 ?

Jahre: 1916, 1935, 1954, 1973, 1992, 2011 …
und alle folgenden 19 Jahre

Januar	1, 2, 8-29 = Lu		3-7, 30, 31 ?
Februar	9-26 = Lu	1-5 = So	6-8, 27-29 ?
März	13-25 = Lu	1-9, 28-31 = So	10-12, 26, 27 ?
April	15-21 = Lu	1-11, 25-30 = So	12-14, 22-24 ?
Mai	15-18 = Lu	1-12, 21-31 = So	13, 14, 19, 20 ?
Juni		1-14, 18-30 = So	15-17 ?
Juli	15, 16 = Lu	1-12, 19-31 = So	13, 14, 17, 18 ?
August	12-17 = Lu	1-8, 21-31 = So	9-11, 18-20 ?
September	8-17 = Lu	1-5, 21-30 = So	6, 7, 18-20 ?
Oktober	5-19 = Lu	1, 23-29 = So	2-4, 20-22, 30, 31 ?
November	1-20, 29,30 = Lu	24, 25 = So	21-23, 26-28 ?
Dezember	1-22, 26-31 = Lu		23-25 ?

Jahre: 1917, 1936, 1955, 1974, 1993, 2012 …
und alle folgenden 19 Jahre

Januar	1-18, 28-31 = Lu	22-24 = So	19-21, 25-27 ?
Februar	1-15, 29 = Lu	18-25 = So	16, 17, 26-28 ?
März	1-14 = Lu	18-29 = So	15-17, 30, 31 ?
April	2-10 = Lu	14-30 = So	1, 11-13 ?
Mai	5-8 = Lu	1, 12-31 = So	2-4, 9-11 ?
Juni		1, 2, 8-30 = So	3-7 ?
Juli		1, 7-29 = So	2-6, 30, 31 ?
August	1-5, 28-31 = Lu	8-24 = So	6, 7, 25-27 ?
September	1-5, 25-30 = Lu	10-21 = So	6-9, 22-24 ?
Oktober	1-9, 23-31 = Lu	13-19 = So	10-12, 20-22 ?
November	1-8, 19-30 = Lu	12-15 = So	9-11, 16-18 ?
Dezember	1-11, 16-31 = Lu		12-15 ?

Nördliche Hemisphäre

(Lu = Lunar; So = Solar)

Jahre: 1918, 1937, 1956, 1975, 1994, 2013 …
und alle folgenden 19 Jahre

Januar	1-8, 16-31 = Lu	12 = So	9-11, 13-15 ?
Februar	1-5, 17-29 = Lu	9-13 = So	6-8, 14-16 ?
März	1-4, 21-31 = Lu	8-17 = So	5-7, 18-20 ?
April	1, 23-28 = Lu	4-19 = So	2, 3, 20-22, 29, 30 ?
Mai	25 = Lu	2-20, 29-31 = So	1, 21-24, 26-28 ?
Juni		1-22, 26-30 = So	23-25 ?
Juli	23 = Lu	1-19, 27-31 = So	20-22, 24-26 ?
August	19-25 = Lu	1-15, 29-31 = So	16-18, 26-28 ?
September	15-26 = Lu	1-11, 30 = So	12-14, 27-29 ?
Oktober	12-27 = Lu	1-9, 31 = So	10, 11, 28-30 ?
November	9-30 = Lu	1-5 = So	6-8 ?
Dezember	6-30 = Lu		1-5, 31 ?

Für Diagnoseoptimierung und Therapiekontrolle

Th. Feichtinger, S. Niedan

Antlitzanalyse in der Biochemie nach Dr. Schüßler

Der Bildatlas

2. Auflage 2002,
152 S., 252 Abb., 6 Tabellen, geb.
€ 64,95
ISBN 3-8304-7151-3

Die Antlitzanalyse wird in der Biochemie nach Dr. Schüßler als visuelle Diagnostik eingesetzt. Sie hilft, die sichtbaren Veränderungen oder Abweichungen vom Normalbild des Gesichts als Hinweis auf Mangelzustände bestimmter Mineralstoffe therapeutisch auszuwerten.

Bei der Antlitzanalyse werden aus den Farben, den Falten und verschiedenen Formen wie Höhlen und Einbuchtungen, aus dem Glanz und den Ausscheidungen der Gesichtshaut Mineralstoffmängel abgelesen – unter Umständen schon lange bevor es zu Krankheiten kommt. Neben der eigentlichen Therapie ist mit dieser Analyse deshalb auch effektive Gesundheitsprophylaxe möglich.

In diesem Bildatlas werden die Kapitel der einzelnen Mineralstoffe analog aufgebaut: nach der Texterläuterung schließen sich mehrere Abbildungen an, die die verschiedenen Mangelsymptome und -grade zeigen.

Zusammenfassend werden sich ähnelnde antlitzdiagnostische Merkmale zur Abgrenzung nochmals konkret gegenübergestellt.

**Karl F. Haug Verlag in
MVS Medizinverlage Stuttgart
GmbH & Co. KG**
Tel. 07 11-89 31-240
Fax 07 11-89 31-133
Internet: www.haug-verlag.de